广州城市智库丛书

广州社会稳定风险与治理

孙占卿 赵竹茵 ◎著

中国社会科学出版社

图书在版编目(CIP)数据

广州社会稳定风险与治理 / 孙占卿，赵竹茵著. —北京：中国社会科学出版社，2020.12

(广州城市智库丛书)

ISBN 978 - 7 - 5203 - 7655 - 6

Ⅰ.①广… Ⅱ.①孙…②赵… Ⅲ.①社会稳定—风险管理—研究—广州 Ⅳ.①D676.5

中国版本图书馆 CIP 数据核字 (2020) 第 257306 号

出 版 人	赵剑英
责任编辑	喻　苗
责任校对	夏慧萍
责任印制	王　超

出　　版	中国社会科学出版社
社　　址	北京鼓楼西大街甲 158 号
邮　　编	100720
网　　址	http://www.csspw.cn
发 行 部	010 - 84083685
门 市 部	010 - 84029450
经　　销	新华书店及其他书店
印　　刷	北京明恒达印务有限公司
装　　订	廊坊市广阳区广增装订厂
版　　次	2020 年 12 月第 1 版
印　　次	2020 年 12 月第 1 次印刷
开　　本	710×1000　1/16
印　　张	10.5
字　　数	138 千字
定　　价	58.00 元

凡购买中国社会科学出版社图书，如有质量问题请与本社营销中心联系调换
电话：010 - 84083683
版权所有　侵权必究

《广州城市智库丛书》
编审委员会

主　任　张跃国

副主任　朱名宏　杨再高　尹　涛　许　鹏

委　员（按拼音排序）

白国强　蔡进兵　杜家元　郭昂伟　郭艳华　何　江
黄石鼎　黄　玉　刘碧坚　欧江波　孙占卿　覃　剑
王美怡　伍　庆　杨代友　姚　阳　殷　俊　曾德雄
曾俊良　张　强　张赛飞

总　　序

何谓智库？一般理解，智库是生产思想和传播智慧的专门机构。但是，生产思想产品的机构和行业不少，智库因何而存在，它的独特价值和主体功能体现在哪里？再深一层说，同为生产思想产品，每家智库的性质、定位、结构、功能各不相同，一家智库的生产方式、组织形式、产品内容和传播渠道又该如何界定？这些问题看似简单，实际上直接决定着一家智库的立身之本和发展之道，是必须首先回答清楚的根本问题。

从属性和功能上说，智库不是一般意义上的学术团体，也不是传统意义上的哲学社会科学研究机构，更不是所谓的"出点子""眉头一皱，计上心来"的术士俱乐部。概括起来，智库应具备三个基本要素：第一，要有明确目标，就是出思想、出成果，影响决策、服务决策，它是奔着决策去的；第二，要有主攻方向，就是某一领域、某个区域的重大理论和现实问题，它是直面重大问题的；第三，要有具体服务对象，就是某个层级、某个方面的决策者和政策制定者，它是择木而栖的。当然，智库的功能具有延展性、价值具有外溢性，但如果背离本质属性、偏离基本航向，智库必会惘然自失，甚至可有可无。因此，推动智库建设，既要遵循智库发展的一般规律，又要突出个体存在的特殊价值。也就是说，智库要区别于搞学科建设或教材体系的大学和一般学术研究机构，它重在综合运用理论和知识分析研判重大问题，这是对智库建设的一般要求；同时，具体到一家智库个体，又要依据自身独一无二的性质、类型和定位，塑造独特个性和鲜明风格，占据真正属于自己的空间和制高点，这是智库独立和自立的根本标志。当前，智库建设的理论和政策不一而足，实践探索也呈现出八仙过海之势，这当然有利于形成智库界的时代标签和身份识别，但在热情高涨、高歌猛进的大时代，也容易盲目跟风、漫天飞舞，以致破坏本就脆弱的智库生态。所以，我们可能还要保持一点冷静，从战略上认真思考智库到底应该怎么建，社科院智库应该怎么建，城市社科院智库又应该怎么建。

广州市社会科学院建院时间不短，在改革发展上也曾经历曲折艰难探索，但对于如何建设一所拿得起、顶得上、叫得响的新型城市智库，仍是一个崭新的时代课题。近几年，我们全面分析研判新型智库发展方向、趋势和规律，认真学习借鉴国内外智库建设的有益经验，对标全球城市未来演变态势和广州重大战略需求，深刻检视自身发展阶段和先天禀赋、后天条件，确定了建成市委、市政府用得上、人民群众信得过、具有一定国际影响力和品牌知名度的新型城市智库的战略目标。围绕实现这个战略目标，边探索边思考、边实践边总结，初步形成了"1122335"的一套工作思路：明确一个立院之本，即坚持研究广州、服务决策的宗旨；明确一个主攻方向，即以决策研究咨询为主攻方向；坚持两个导向，即研究的目标导向和问题导向；提升两个能力，即综合研判能力和战略谋划能力；确立三个定位，即马克思主义重要理论阵地、党的意识形态工作重镇和新型城市智库；瞄准三大发展愿景，即创造战略性思想、构建枢纽型格局和打造国际化平台；发挥五大功能，即咨政建言、理论创新、舆论引导、公众服务、国际交往。很显然，未来，面对世界高度分化又高度整合的时代矛盾，我们跟不上、不适应的感觉将长期存在。由于世界变化的不确定性，没有耐力的人常会感到身不由己、力不从心，唯有坚信事在人为、功在不舍的自觉自愿者，才会一直追逐梦想直至抵达理想的彼岸。正如习近平总书记在哲学社会科学工作座谈会上的讲话中指出的，"这是一个需要理论而且一定能够产生理论的时代，这是一个需要思想而且一定能够产生思想的时代。我们不能辜负了这个时代"。作为以生产思想和知识自期自许的智库，我们确实应该树立起具有标杆意义的目标，并且为之不懈努力。

智库风采千姿百态，但立足点还是在提高研究质量、推动内容创新上。有组织地开展重大课题研究是广州市社会科学院提高研究质量、推动内容创新的尝试，也算是一个创举。总的考虑是，加强顶层设计、统筹协调和分类指导，突出优势和特色，形成系统化设计、专业化支撑、特色化配套、集成化创新的重大课题研究体系。这项工作由院统筹组织。在课题选项上，每个研究团队围绕广州城市发展战略需求和经济社会发展中重大理论与现实问题，结合各自业务专长和学术积累，每年年初提出一个重大课题项目，经院内外专家三轮论证评析后，院里正式决定立项。在课题管理上，要求从基本逻辑与文字表达、基础理论与实践探索、实地调研与方法集成、综合研判与战略谋划等方面反复打磨锤炼，结项仍然要经过三轮评审，并集中举行重大课题成果发布会。在成果转化应用上，建设"研究专报+刊物发表+成果发布+媒体宣传+著作出版"组合式转化传播平台，形成延伸转化、彼此补充、互相支撑的系列成果。自2016年以来，广州市社会科学院已组织开展40多项重大课题研究，积累了一批具有一定学术价值和应用价值的研究成果，这些成果绝大部分以专报方式呈送市委、市政府作为决策参考，对广州城市发展产生了积极影响，有些内容经媒体宣传报道，也产生了一定的社会影响。我们认为，遴选一些质量较高、符合出版要求的研究成果统一出版，既可以记录我们成长的足迹，也能为关注城市问题和广州实践的各界人士提供一个观察窗口，是很有意义的一件事情。因此，我们充满底气地策划出版了这套智库丛书，并且希望将这项工作常态化、制度化，在智库建设实践中形成一条兼具地方特色和时代特点的景观带。

感谢同事们的辛勤劳作。他们的执着和奉献不但升华了自我，也点亮了一座城市通向未来的智慧之光。

广州市社会科学院党组书记、院长

张跃国

2018年12月3日

前　言

社会稳定风险是指可能发生的对社会稳定秩序和人民生命财产造成严重损害的潜在威胁。现代社会，人流、物流、信息流高度活跃，全球政治、经济、文化联系密切，不仅丰富了物质文化产品的交换，也增加了社会秩序的脆弱性和波动性。随着经济发展进入新常态，国内经济增速下行与中美贸易摩擦等外部因素形成共振效应，我国社会稳定风险已经进入高发期。习近平总书记指出，防控社会领域风险要下大气力解决好人民群众切身利益问题，既要有防范风险的先手，也要有应对和化解风险挑战的高招。紧密围绕影响群众获得感、幸福感、安全感的社会稳定风险问题开展研究，是社会科学工作者的重要任务。

本书从广州社会稳定风险的问题出发，研究超大城市社会稳定风险要素和治理思路。第一章讨论社会稳定风险的内涵和特点，从风险治理责任的视角，指出政府是社会稳定风险的终极责任人。第二章根据新时期社会主要矛盾变化，分析当前社会治理存在的问题，以及营造共建共治共享社会治理格局的思路。第三章运用调查数据分析广州社会稳定风险形势和市民社会稳定风险认知情况。第四章运用系统论观点分析了社会治理能力和破坏因素对社会稳定风险平衡结构的影响，并对新冠肺炎疫情可能影响社会稳定风险的方面做了分析。第五章从征地拆迁、劳资纠纷、环保冲突等涉及重大利益冲突问题的视角研究了相关领域的社会稳定风险情况。第六章研究了公共卫生事件、行政执法活动、大型活动对社会稳定风险的影响。第七章和第八章对广州社会稳定风险治理的模式和具体举措提出建议。

本书是在2019年广州市社会科学院政治法律研究所完成的年度重大课题基础上进一步补充完善而成。第一至四章由孙占卿负责，第五至八章由赵竹茵负责，调研得到广州市人大、市司法局、问卷网等多家单位的支持。研究过程中，我们得到院领导、院学术委员、科研处的大力支持和帮助。院党组书记、院长张跃国对社会稳定风险的研究方向和重点提出宝贵意见，院党组成员、副院长杨再高对研究的全过程进行指导，在此一并表示感谢。

由于水平有限，加之成书仓促，书中难免有错漏之处，恳请读者批评指正。

作者
2020年5月

目　　录

第一章　关于社会稳定风险 …………………………………（1）
　　一　社会稳定风险的定义和特点 ……………………………（1）
　　二　观察社会稳定风险的视角 ………………………………（5）
　　三　政府是社会稳定风险责任人 ……………………………（8）

第二章　共建共治共享的社会治理理念 ……………………（12）
　　一　社会主要矛盾变化对社会治理的挑战 …………………（12）
　　二　总体国家安全观对社会治理的基本判断 ………………（18）
　　三　构建共建共治共享的社会治理格局 ……………………（21）

第三章　广州城市社会稳定风险 ……………………………（26）
　　一　广州社会稳定风险特点 …………………………………（26）
　　二　广州公众社会稳定风险认知调查 ………………………（30）

第四章　影响广州社会稳定的风险因素 ……………………（45）
　　一　基本民生保障风险 ………………………………………（45）
　　二　治理体系承载能力不足的风险 …………………………（51）
　　三　黑恶势力干扰基层社会安定秩序的风险 ………………（56）
　　四　新冠肺炎疫情对广州社会稳定治理的影响 ……………（62）

第五章　重大利益冲突引发的社会稳定风险 …………… (76)
　　一　劳资纠纷引发的社会稳定风险 ………………… (77)
　　二　征地拆迁引发的社会稳定风险 ………………… (84)
　　三　环境保护引发的社会稳定风险 ………………… (90)

第六章　突发公共安全事件类社会稳定风险 …………… (96)
　　一　公共卫生事件引发的社会稳定风险 …………… (96)
　　二　行政执法活动引发的社会稳定风险 …………… (104)
　　三　大型群体活动引发的社会稳定风险 …………… (109)

第七章　近年广州社会治理模式的宏观路径 …………… (116)
　　一　在地方立法中开展参与式立法 ………………… (117)
　　二　在行政管理中探索协商式治理 ………………… (120)
　　三　着力打造多元化纠纷解决机制 ………………… (124)

第八章　广州应对社会稳定风险的具体建议 …………… (132)
　　一　积极落实应急管控措施 ………………………… (132)
　　二　促进市域社会治理转型 ………………………… (138)
　　三　加强开展舆论引导工作 ………………………… (149)

参考文献 ………………………………………………… (154)

第一章 关于社会稳定风险

现代有关风险问题最早的严肃研究来自16世纪初对经济问题的研究。但相比经济金融风险，社会稳定风险的系统性更高，危害性更强，对社会安定秩序的冲击更直接。

一 社会稳定风险的定义和特点

尽管社会稳定风险早已成为地方治理和学术研究耳熟能详的范畴，但对什么是社会稳定风险一直缺乏统一的定义，遑论社会稳定风险的特点和发生机制，以及超大城市的社会稳定风险问题等。定义社会稳定风险非常困难，如谢非在《风险管理原理与方法》中认为"社会风险（society risk）是指由于反常的个人或不可预料的团体行为所造成的风险，如抢劫、战争、罢工、盗窃等"。按照这一逻辑，由于失业问题发生的罢工，应当归为经济风险还是社会风险呢？

（一）社会稳定风险的定义

社会稳定风险，顾名思义，就是威胁到社会稳定、平衡的不确定性因素。社会稳定，指人民群众营造安居乐业、幸福安康的生产生活秩序，风险本质上是一种具有潜在危害的不确定性因素。社会稳定风险就是可能对社会稳定秩序造成冲击的潜在威胁，它是打破社会平衡的不确定性，风险要素在一定情况下失去制衡后即成为风险源。

本质上说，不确定性是永远存在的，却并不总被认为是风险。例如，一座城市的排水可能数十年没有出现过问题，近几年房地产热和城市建设提速使得大量城市地面硬化，雨季排水量剧增，地下排水管网泄水能力却没有增加，暴雨造成的城市内涝开始成为夏季的重要风险。阿瑟·塞西尔·庇古用船的载重能力和货物的重量举例做了说明，船吃水深是二者之间不协调的结果。①

社会稳定风险是社会秩序维持能力和破坏冲击之间的矛盾平衡。当不确定性失去制衡时，秩序的平衡被打破，社会稳定秩序受到风险威胁。可能造成城市社会稳定风险的因素很多，既有自然生态因素，也有人为因素。其之所以被归为社会稳定风险，是由于风险可能引发的危害指向社会民生领域。如自然灾害本身不属于社会稳定风险，但灾后的救助和秩序重建可能成为诱发社会稳定问题的风险因素。

从来源上看，社会稳定风险主要来自两个方面。一是社会领域内生的风险，如突发性公共安全事件或集体诉求表达（群体性事件）影响社会稳定等；二是其他领域问题向社会领域传导影响造成的风险，如经济增速下降带来的就业和收入下降，重大政治经济决策造成的群体性事件等。近年来，地方政府在重大决策，以及处理重大自然灾害、工程事故、舆情事件时应对不当，也成为放大社会矛盾、诱发群体性事件的重要风险点。

风险随着对城市民生安定整体秩序冲击深度增加而不断加剧，危险程度不断升高。社会稳定风险分为三个层次（见图1-1）。一是基本民生保障风险，即冲击人们基本生活安定状态的风险，包括对就业、温饱、医疗、教育的影响，如物价快速上涨超过收入振幅、基本民生保障物资短缺、医疗教育资源严重

---

① [英]阿瑟·塞西尔·庇古：《就业与均衡》，王远林译，商务印书馆2017年版，第2页。

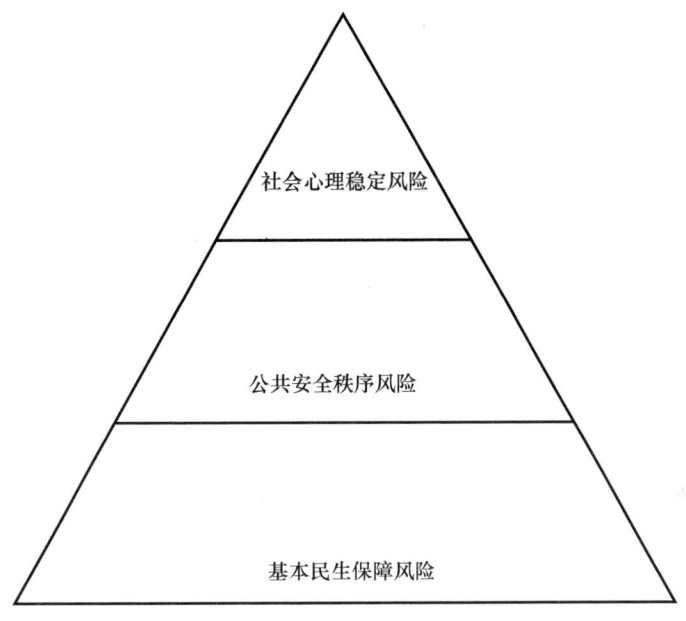

图 1-1 社会稳定风险的层次

供给不足等。二是公共安全秩序风险,即冲击城市生产生活的公共秩序安全的风险,主要包括集体行动(群体性事件)和恶性个人恐怖行动("独狼式犯罪")。对一座城市来说,如果出现大量街头抗议或者较大面积的个体性暴力犯罪,就会冲击人们对社会安全的信心。三是社会心理稳定风险,即风险已经严重冲击公众对秩序的信心,并且影响到公众对政府恢复秩序能力的信任,这时秩序接近解体,一切公共产品都不再具有可信赖性。人们不再相信货币的稳定性,开始采取以物易物的交易形式,不再相信政府维持秩序的能力,开始拿起武器保护自己。

国治则民安,积极防范社会稳定风险是国家治理的核心任务。2006年,中国四川遂宁实施"重大事项社会稳定风险评估机制"(时称"遂宁模式"),社会稳定风险迅速得到各级政府的重视。近年来,社会稳定风险逐渐从政治治理实践认知发展成为学术概念,并受到当代学术中社会结构、社会分层、社会转型、风险社会、集体行动等理论的影响和启发，在解读社会稳定问题的深度和力度方面不断加强。

（二）社会稳定风险的特点

虽然有关社会稳定风险的定义不尽相同，以致社会稳定风险的治理实践常常出现治理扩大化或不足的情况，但仍存在较为明显的家族相似的基本特征。与其他风险相比，社会稳定风险具有极其鲜明的特点。

1. 平衡性

社会稳定系统本质上是一种动态平衡。风险指潜在的不稳定性。社会稳定风险，顾名思义，就是打破社会稳定状态的风险。一个问题之所以被凸显为风险，是因为它脱离了原有的平衡状态。贫困、社会治理能力不足等客观因素尽管可能导致社会稳定问题，却并非造成社会稳定风险的原因。只有风险源和风险制约机制之间的失衡，才是社会稳定风险爆发的原因。

2. 客观性

大量研究表明，试图建立一个完全无风险社会的努力不仅是不可能完成的任务，而且会禁锢社会的发展活力。[①] 不确定性是人类生活的一个基本事实，在任何决策中，都是无法被消除的。无论投入多少资源，不确定性的减少只是程度问题，完全禁绝风险不仅不可能，也不必要。加强社会稳定管控，并不是绝对杜绝风险发生，而是通过预测、预防和控制，加强社会的自我调整功能和紧急事件处置机制，令社会各组成部分保持和谐的动态平衡。风险不但制造麻烦，也不断刺激社会的调节机制，促进社会治理体系不断完善。

[①] 参见 Yair Aharoni 的 *The No-Risk Society* 中对政府企图建立无风险社会的批评，Chatham House Publishers，1981。转引自［美］戴维·莫斯《别无他法——作为终极风险管理者的政府》，何平译，人民出版社 2014 年版，第 11 页。

3. 系统性

社会稳定风险属于系统性风险，这是由社会稳定风险的影响范围和深度决定的。一是社会稳定风险直接影响政治秩序安定和执政的权威性，二是社会稳定风险波及范围广，影响层次深，社会部门无法承担，政府必须作为风险的终极管理者。美国"9·11"事件后，面对各种社会危机，一向呼吁"有限政府"的欧美观察家发现美国民间部门对稳定风险的管理能力远不如人们想象的那么有力，开始重新呼吁加强国家管理责任。①

4. 不可对冲性

社会稳定领域与经济金融领域对风险一词的使用几乎相反。经济金融领域从损失覆盖和盈利机会的角度定义风险，将不确定性分为两类，其中"可以测量"的一类称为"风险"，它不仅是管控对象，通常也意味着机会（高风险高收益、风险投资）。社会稳定领域风险涉及巨大的社会公共利益和人民生命财产安全，引发的损害往往是不可逆转的，不具有对冲性，几乎不可能通过一个收益来弥补另一个损失。

二 观察社会稳定风险的视角

20世纪70年代，以巴瑞·布赞和奥利·维夫为首的哥本哈根学派从结构主义理念出发首次提出"社会安全"的概念。在《新安全论》中，布赞将军事、政治、经济、社会、环境五个领域并举，突破传统中安全讨论主要针对军事领域的局限，提出社会安全是与传统的国家安全相对应的，讨论的是作为整体的社会的安全。美国"9·11"事件发生后，社会稳定和安全研究受到瞩目，金融危机、人道主义危机等引发的社会安全问题，在国际反恐的大背景下，在研究视域上推进宏观研究和微观治

---

① ［美］戴维·莫斯：《别无他法——作为终极风险管理者的政府》，何平译，人民出版社2014年版，第1—2、14—16页。

理的融合，从技术上推动大数据分析等突破性技术在社会安全研究领域的应用。

关于社会稳定风险的讨论主要有三个层次。一是宏观视角，研究生产方式转变带来的时代危机和变化，如风险社会理论。二是中观视角，以社会结构、国民收入水平划分阶段，研究社会发展和转型中的主要社会矛盾变化问题。三是微观视角，以征地拆迁、儿童入学矛盾等事件冲突为研究对象，侧重矛盾发生机制以及政府治理对策。

国内很多学者援引风险社会理论讨论社会稳定风险问题，以致很多人认为风险社会就是社会风险。但我国治理政策和相关研究使用的社会稳定风险一词与欧美学者讨论的社会安全风险、风险社会等概念有较大差别。前者关注当下问题，后者关注发展阶段问题；前者侧重具体的事件性矛盾，后者侧重社会整体的结构性问题。

欧美语境中常用的风险社会和社会安全概念对社会的理解脱胎于市民社会（civil society）理论，主要是指基于市场规则、受生产方式影响的人类社会组织模式。风险强调的是新技术和经济全球化带动人类社会生产生活方式变化，令与国家相对的社会自主领域的组织方式面临危机。20世纪80年代，在乌尔里希·贝克等学者风险社会（risk society）理论的推动下，形成一次以风险管控为热点的社会安全研究高潮[1]，但这次热潮关注的风险主要是生态风险、生产方式变革等工业革命带来的全球性危机。乌尔里希·贝克称之为"发达文明的风险命运"。[2]

尽管二者对社会安全和风险的理解不在一个层面，但风险社会理论仍然对中国的社会稳定治理实践具有重要的启发性。

---

[1] 尽管《风险社会》一书的德文版早在1986年就出版了，但直到1992年该书在英文世界出版后，才引发广泛关注和讨论。

[2] ［德］乌尔里希·贝克：《风险社会：新的现代性之路》，张文杰、何博闻译，译林出版社2018年版，第35页。

现代社会生产方式变革带来的人类组织方式和社会阶层剧烈变化，使得社会本身的调适能力相对滞后，在实践层面给社会冲突和社会运动注入新的特点，更具理论深度和历史视野的分析框架，可以帮助执政者在更深刻的框架下认识并处置现实问题。

关于社会分层、社会结构变化带来的社会冲突风险研究，如李培林、陆学艺、郑杭生、孙立平等学者的研究侧重社会发展转型问题。郑杭生认为，中国社会的结构性断裂导致社会各阶层和群体间难以达成共识，无法进行有效的社会动员和社会控制。孙立平认为，现代中国社会的严重分化已经导致社会下层对上层意图的本能逆反和抵制。李强提出，随着贫富分化越来越严重，社会呈现脆弱的"倒丁字"形结构，上层之间尚存在财富利益交换为主的联结，下层社会已经处于散沙状态。社会转型理论是我国社会安全研究领域的主流理论和范式。赵鼎新指出，中国社会学研究长期集中在组织和分层问题上，有关社会变迁的研究（关于集体行动、社会运动和革命的研究即属这一范围）相对受到忽视的原因是受20世纪70年代末80年代初布劳（P. Blau）等美国学者在华讲学方面的影响。

微观研究主要是关于直接引发社会稳定矛盾的问题或事件研究，以具体的政府治理活动为中心，重视社会稳定风险评估和冲突处置。吴鹏森探讨了"关于社会稳定的几个基本问题"。[1] 刘磊和李少爽基于空气污染与社会稳定风险诱发的研究，梳理了社会稳定风险的六种定义。[2] 世界银行在其"针对投资项目融资环境和社会框架"的环境与社会风险评估文件中的"环

---

[1] 吴鹏森：《快速增长与变革中的社会稳定》，上海人民出版社2014年版，第1—2页。
[2] 转引自姜晓萍主编《社会风险治理》，中国人民大学出版社2017年版，第165—166页。

境和社会风险与影响的评价和管理"部分列举了七类社会风险。① 文宏等人运用 CiteSpace 软件分析了中国知网（CNKI）中国期刊全文数据库 2006—2018 年以"社会稳定风险"为主题的 591 篇文章，指出国内社会稳定风险研究主要包括四类主题，分别是重大决策的社会稳定风险评估、征地拆迁引发的社会稳定风险、重大事项与风险控制、群体性事件与矛盾化解。②

对市域社会稳定风险治理来说，关于社会稳定风险发生机制的研究要避免陷入就事论事的事件风险或大而无当的文化风险窠臼，三种思路都存在一定偏差。市域社会稳定风险治理面对的问题：一是时效性，需要了解社会稳定风险的当下特点，而不是长时段特征；二是空间性，市域社会稳定风险治理以城市为考察对象和治理单元，而不是民族国家甚至人类生产关系变革；三是实践性，市域社会稳定风险的考察是与市域治理体系和市域治理能力紧密相连的。

三 政府是社会稳定风险责任人

社会稳定风险管控，指风险管理者采取各种措施和方法，消灭或减少风险事件发生的各种可能性，或者减少风险事件发生时造成的损失。与其他风险相比，社会稳定风险关系到巨大的社会公共利益和人民生命财产安全，波及范围广，影响层次深，引发的损害往往是不可逆转的，不具有对冲性，直接影响政治秩序安定和执政的权威性。

对任何一个国家来说，政府都是社会稳定风险的"终极管

---

① 世界银行：《环境和社会标准 1：环境和社会风险与影响的评价和管理》，http://pubdocs.worldbank.org/en/502451548345825238/ESF-GN1-chinese.pdf。

② 参见文宏、陈路雪、张书《改革开放 40 年社会稳定风险的演化逻辑与知识图谱分析——基于 CiteSpace 软件的可视化研究》，《华南理工大学学报》（社会科学版）2018 年第 3 期。

理者"。近代以来，市场获得配置资源的合法性，在风险管理领域也是如此，以保险公司为代表的民间部门在风险管理上承担了重要角色。但在社会稳定领域，却存在市场失灵的现象。尽管社会稳定风险往往是多种风险作用的结果，却并非某种单一领域风险，一方面在市场中找不到社会稳定风险的直接的责任人和受益人，另一方面几乎所有人都是受害人。[①] 按照社会契约论的观点，政府作为公共秩序（安全）的提供者，必须承担起风险管控责任。

（一）社会稳定风险挑战执政权威

社会稳定风险关系执政安全，提供安全、稳定的秩序，排除安全风险是执政者的基本职责。社会稳定秩序并非自发形成的，而是遵循法治规则，主要由政府提供并维护，如果不能有效维护社会稳定秩序，将引发人民对政府权威和能力的质疑，进而影响公众对未来生产生活稳定秩序的预期。即使像亨廷顿这样的西方思想家也认为，"一个缺乏权威的政府若是不能履行其职能的，同时它还是一个不道德的政府"[②]。对社会稳定风险的管控能力直接影响政体合法性和权威性。

与金融、产业等风险相比，社会稳定风险的影响更具系统性和全局性。风险时刻存在，但发生跨领域蔓延、涉及人数增多、涉及群体反应升级是风险加剧的重要指标。这些关键指标往往通过社会行动反映出来，如从有序上访升级到越级信访甚至集体闹访、大企业关停后生活困难职工围堵政府要求解决生活问题等。近年来，委内瑞拉、乌克兰等国家的政治剧变往往是先从民生问题发展到社会运动，最终演变为政治动荡。因此，

[①] ［美］戴维·莫斯在《别无他法——作为终极风险管理者的政府》一书中以美国为例，介绍了民间部门在社会稳定风险管理上的失败，见该书第一章。

[②] ［美］塞缪尔·亨廷顿：《变化社会中的政治秩序》，王冠华等译，上海世纪出版集团2008年版，第22页。

对任何一个国家来说，社会稳定危机都是不可接受的。"9·11"事件之后，时任美国副总统切尼提出著名的"百分之一原则"，即只要风险有百分之一的可能性，美国就应该以确有此事的态度加以对待。事实上，这也是多数国家的社会稳定风险管理原则。

（二）社会稳定风险挑战国家治理体系和治理能力

由于国情的特殊性，中国的社会稳定风险管控具有明显特色。如广州经济发展和人民生活已经接近欧美发达国家水平，但在政府管理和民间社会发育方面则仍具有中国特色，并不能像欧美国家那样将责任归诸社会部门。中国法律体系和风险管控系统与欧美国家不同，也决定了社会稳定风险管理逻辑与欧美国家不能相同，必须建立中国的社会稳定风险管控理论，不宜照搬欧美国家的经验。

习近平总书记在中央党校发表谈话指出，既要高度警惕"黑天鹅"事件，更要防范"灰犀牛"。"黑天鹅"事件指的是非常难以预测，或突发性强的小概率事件，会对社会稳定秩序产生重大负面冲击，如"9·11"事件。"灰犀牛"事件比喻习以为常，大概率可能发生，但由于长期未爆发而被忽视的危机事件。辩证唯物主义认为，内因是决定矛盾的主要力量。观察以往的社会稳定风险可以发现，几乎任何"黑天鹅"都是由于触发了长期存在的"灰犀牛"问题才爆发的。换言之，"黑天鹅"本身是不可避免的，一个社会应对"黑天鹅"的能力是抵御风险的关键。

社会稳定风险管控措施分为时间和空间两类，前者指通过拉长风险发生时间，形成风险要素缓慢释放，在发展中降低风险烈度；后者指在点上对风险要素采取消除或者限制手段，消灭风险或者降低风险烈度。与金融等风险管控相比，管控社会风险的一个根本区别在于它不具有对冲性。由于社会风险关系到社会稳定秩序和人民生命财产安全,不可能通过另一收益来对冲一项社会风险。因此,作为一般风险管控的重要机制,风险对冲在社会稳定风险管控中一般不会被采用。

第二章　共建共治共享的社会治理理念

党的十九大报告指出,"我国社会主要矛盾已经转化为人民日益增长的美好生活需要和不平衡不充分的发展之间的矛盾",社会主要矛盾变化充分反映在政治、经济、文化、社会等各个领域。进入社会主义新时期,"人民美好生活需要日益广泛,不仅对物质文化生活提出了更高要求,而且在民主、法治、公平、正义、安全、环境等方面的要求日益增长"。从发达国家的经验看,满足了基本的物质文化需求之后,人民群众对公平正义的社会秩序和安全有序的社会环境的需求迅速增加,参与社会治理的热情将快速上涨。人民群众对社会治理秩序需求的迅速增加和滞后的社会治理格局之间的矛盾,将成为未来社会治理领域的主要矛盾。

一　社会主要矛盾变化对社会治理的挑战

1978年开始的改革开放被通俗说成对内搞活、对外开放,即对内放松生产力束缚,对外拥抱发展潮流,跟随新趋势。但随着中国接近世界中心,能够释放的改革红利效果渐不明显,前一轮改革开放赖以发展的很多经验在一定程度上已经成为发展的障碍和桎梏。从目前国内思想界关于"国进民退"、中美贸易摩擦的各种争论来看,人们普遍对中国面临的新形势、新问题感到迷茫。

经过40多年快速发展，中国经济总量从世界第十一名，一跃成为世界第二，原有的世界产业分工体系以及经济竞争背后的世界权力体系面临重新洗牌。这就要求中国的改革开放政策对内必须着眼新一轮改革才能突破桎梏，保持发展活力；对外重新确立中国在世界产业分工体系和大国竞争格局中的角色，创造新的公共产品。

（一）后发优势逐渐消失，改革开放走到新关口

从1978年到2017年，我国国内生产总值按不变价计算增长33.5倍，年均增长9.5%，远高于同期世界经济2.9%左右的年均增速，在全球主要经济体中名列前茅。2017年，我国人均国内生产总值59660元，成功由低收入国家跨入中等偏上收入国家行列。财政实力显著增强。1978年，中国国家一般公共预算收入仅1132亿元，2017年达到172567亿元，1979—2017年年均增长13.8%。同时，我国贸易规模稳步扩张。2017年，货物进出口总额达到4.1万亿美元，比1978年增长197.9倍，年均增长14.5%，居世界第一位。

得益于人口红利、制度红利和技术代差等后发优势，改革开放以来，中国经济保持了40多年的快速增长，尤其是2003—2007年年均超11%的增长速度更是被称为"中国奇迹"。但2010—2016年，经济增速由10.6%滑落到6.7%。世界银行数据显示，2011—2015年，资本形成占中国GDP的比重分别为47%、47%、48%、46%和42%。2016年，中国的基建投资占固定资产投资的比重为20%，与2009—2010年为应对次贷危机时的基建投资占比相差无几。这显示投资拉动效果降低，这一轮改革开放的后发增长效应逐渐消失。

后发不仅有优势，也有劣势。沃森和杨小凯等学者指出，后发国家在技术上可以方便模仿学习先发展国家的经验，但这种成功可能成为拖延制度改革的借口，以至于尾大不掉。对中

国这样一个大国来说，经济和技术改革尚且阻力重重，遑论制度改革。然而，随着国内国际形势日趋复杂，中国不仅需要解决眼前的问题，更要积蓄力量应对技术更新挑战、地缘政治挑战和国际新秩序挑战。

（二）传统世界产业分工渐入困境，开放需要新路径

改革开放得以实现的重要外部契机是20世纪70年代世界性产能过剩和产业分工的需要与中国对物质产品和产能的需求完美对接。经过40多年发展，当前世界再度面临世界性产能过剩。尤其是中国地段产能过剩时，一方面缺乏新的市场和产业承接地来承载；另一方面，各发达国家遇到工业化抽离后的空心化难题，形成发达国家和新兴市场国家之间制造业升级的正面竞争。

20世纪70年代中期，正是第二次世界大战后第一轮经济高速发展的尾期。日本、德国等国家的工业制造由于出现大量产能过剩，不得不进行调控升级，美国工业受日、德挤压，生物、信息等新兴技术产业方兴将艾，而传统产业无处转移，产业链配置无门。当时中国刚经历了"文化大革命"，人民群众的物质产品供给极度匮乏，工业闭关已久，与世界产业界疏离难接。中国与世界之间形成一个完美的契合点，中国13亿人口的广阔市场不但给了世界主要工业国一个巨大的市场想象空间，落后的产业基础也为世界发达国家转移低端制造业主动升级提供了机会，德国大众20世纪70年代淘汰的桑塔纳车型在中国畅销30年就是如此。

（三）进入21世纪第二个十年，世界产业链分工出现危机

这在产业上表现为新兴市场国家产业升级与发达国家之间的短兵相接。以中国为首的新兴市场国家需要产业升级，势必进入原发达国家控制的领域，美国则需要解决后工业化时代的

经济空心化问题，日、德等先进制造业国家则由于技术储备已经不能继续保持对新兴市场国家的迭代优势。

在市场上则表现为，新兴市场国家对美欧发达国家市场的低价冲击，以及世界主要工业国对非洲等潜在市场的争夺。一是新一轮世界性产能过剩必须寻找新的市场，非洲开始受到发达国家的重视，开始对中国在非洲的长期耕耘重新评估并要求分享。二是技术同质化造成市场重合，使得多年保持的竞争高低搭配格局面临调整压力。欧美国家对以中国制造2025为首的产业升级充满恐惧，中国则对以美国要求制造业回流为代表的发达国家再工业化表现出的"逆全球化潮流"充满疑虑。

（四）中国社会主要矛盾发生变化

人民日益增长的美好生活需要和不平衡不充分的发展之间的矛盾，不仅发生在物质、文化产品供给领域，在社会治理领域也广泛存在。

1. 不平衡、不充分的问题

从十一届六中全会决议提出，"我国所要解决的主要矛盾，是人民日益增长的物质文化需要同落后的社会生产之间的矛盾"，到党的十九大报告指出，我国社会主要矛盾已经转化为人民日益增长的美好生活需要和不平衡不充分的发展之间的矛盾。36年间，中国社会的主要矛盾发生明显变化，物质文化供给从全面不足走到结构性失衡。

物质文化产品供给的不充分是指，"总量"的满足和部分地区的公共产品供给仍然存在差距。中国作为世界第二大经济体，规模比排名第三的日本要高出近一倍。但与发达国家相比，我国生产力发展水平在总体上依然处于中等水平，在高质量的医疗和教育、稀缺资源、制度化的法治规范和治理模式方面仍然存在较大缺口。

物质文化产品供给的不平衡是指，发展结构存在失衡。一是不同地区、同一地区不同人群之间的发展情况存在较大差距。二是低端生产严重过剩，高端产品生产能力不足，甚至在部分领域存在空白。三是国内消费降级，海外旅游消费价值则不断攀升。根据尼尔森（Nielsen）发布的《2017年中国境外旅游和消费趋势报告》，2017年中国人海外消费约7300亿美元。

造成这一局面的原因是：经济上，传统改革开放中县域竞争带来的产业结构已经形成低层次重复和过剩；政治上，政商关系不清晰，地区间各自为政阻碍了充分竞争格局的形成，影响了产业升级的效率。

2. 社会治理领域的不充分、不平衡更加复杂

一是公共参与不足是社会治理产品供给不充分、不平衡的主要原因。孔子说，"有国有家者，不患寡而患不均"，广大人民群众参与社会治理的机会和机制不足，使得人民群众日益增长的公共服务需求和公共产品供给增长缓慢之间的矛盾突出。社会治理活动中，政府强势主导与公众被动消极参与形成鲜明反差。社会治理的基本运行模式仍是自上而下的"单向投入型"，对公众的主体性地位缺乏明确的认识和定位，忽视公众参与、代民做主的管理方式仍普遍存在。

二是社会发展成果分享不均衡挫伤了公众参与治理的积极性。目前，各地在实现基本公共服务均等化方面还存在各种问题，仍有部分人民群众未能享受到社会发展带来的好处，不仅外来人口等社群难以平等分享城市发展成果，受制于分享机制落后，新社会阶层和年轻人也难以充分共享社会发展成就。群防群治是我国社会治理的重要特色，人民群众既是社会治理的客体，也是社会治理的主体，在事实上强化治理资源投入的同时，也是加强群众与党和国家联系的纽带。近年来，随着经济发展和社会分工专门化，政府对治理目标、路径和效果的设定与追求往往侧重自身考核，与群众的真正需求相去甚远。多数社会治理成果让社会主体成为社会治理的看客，不仅难以全面参

与社会治理,而且难以分享治理成果,导致群众对参与政府主导的社会治理兴趣不足。因此,社会治理必须更为明确地强化成果共享的价值引导和机制建设。

三是治理主体不平等限制了公众参与社会治理的机会。改革开放以来,为解决人民群众日益增长的物质文化需要和落后的社会生产之间的矛盾,发展经济成为第一要务,部分人民群众在参与经济建设的同时,未能充分参与到社会治理中。目前,由政府主导的社会治理格局主体单一,层次简单,群众参与空间小,资源配置效率不高。在这一治理格局中,并非没有社会力量参与,而是就算有社会力量参与,也很难为治理带来新的内涵。一方面,社会组织不仅数量少,活动领域窄,进入政府采购渠道的社会组织往往实际与政府部门关系过于密切,令监管流于表面化;另一方面,社会组织无论从章程的制定、人事权、日常决策权,还是内部运行机制、激励机制、监督机制等方面,都带有明显的行政化倾向。因此,社会治理整体上缺乏多元化特征。未来,随着中国将全面建成小康社会,社会主要矛盾已经发生改变,社会治理必须积极支持不同主体参与社会治理的建设大局。

四是人民群众参与社会治理的路径建设不平衡、不充分。改革开放以来,生产生活组织方式的变化,不仅使得外来务工人员等在脱离原有治理体系后缺乏融入新治理格局的路径,而且原有社会治理路径与年青一代的生活方式也存在较为明显的脱钩。当前的社会治理规则侧重自上而下的管理,缺少保障社会不同主体平等参与治理的路径和平台建设制度,治理效率难以提升。一方面,社会资金和群众徒有参与治理的意愿,却缺乏参与路径;另一方面,政府民生投入不断加大,群众获得感提升的边际效应却不断下滑。随着社会矛盾日趋复杂化,各大城市不断增加警力、城管力量和政府购买社会服务提升社会治理能力,但近年来的情况表明,在既有治理框架下,投入增加对提高治理能力的边际效应却逐渐降低。因此，社会治理必须积极创新参与机制，引导广大人民群众有序参与。

五是公共服务供给的有效性不足。在政府主导的公共服务体系中，公共产品的设计和供给由政府设计或主要推动，因此提供什么公共产品，提供多少，怎么提供，主要基于政府对公共产品市场的判断，而非市场主体对公共产品的需求，因此产品往往针对性不足。这是社会主体冷漠对待公共服务的重要原因：你提供的不是我需要的。未来，随着社会结构进一步复杂，社会公共服务的种类和品种将越来越多。如果主要由政府提供或者采购，哪怕只是需要政府部分资助，都将是庞大开支，对财政造成巨大压力。

二 总体国家安全观对社会治理的基本判断

2014年4月15日，习近平总书记主持中央国家安全委员会第一次全体会议并作重要讲话，提出总体国家安全观思想，并在此后的相关讲话和治理实践中不断丰富其内涵。与传统安全治理理念相比，总体国家安全观以党对相关工作的全面领导取代分散治理；强化以人民利益为中心的风险治理宗旨，高度重视风险问题的总体性和联动性，强调风险管控的制度化和体系化，全面回应中国社会稳定风险治理的问题。

"当前我国国家安全内涵和外延比历史上任何时候都要丰富，时空领域比历史上任何时候都要宽广，内外因素比历史上任何时候都要复杂"，习近平总书记关于新时期中国安全形势的判断非常准确地指明当前中国社会安全风险的复杂性。庞大的人口总量，高度不平衡的地区发展水平，逆全球化带来的复杂国际形势，各种要素交织为社会稳定增添不确定因素，也对传统社会安全理论提出新的挑战。

中国共产党第十九届中央委员会第四次全体会议公报提出，

"要完善正确处理新形势下人民内部矛盾有效机制","构建基层社会治理新格局,完善国家安全体系"。它是以习近平新时代中国特色社会主义思想总体国家安全观为指导,进一步明确立足国家安全体系大框架,以治理体系和治理能力现代化水平为发展方向的社会治理方略,为当前复杂形势下提升社会稳定风险管控水平提供了重要指引。

(一) 总体国家安全观强调党和政府对社会稳定风险管控的总体责任

我国《宪法》规定,"中国共产党领导是中国特色社会主义最本质的特征"。《中国共产党章程》规定,"党政军民学,东西南北中,党是领导一切的"。因此,在我国,执政党和政府承担的社会稳定风险责任,无论范围还是深度都远大于欧美国家。社会生产生活秩序安定是中国共产党和政府对人民的政治承诺,党和政府对人民福祉与社会稳定承担了更全面的责任,从中国实际问题出发,指导中国转型时期安全管控问题。总体国家安全观提供了以国家总体安全为内容的理论框架,构建融政治安全、国土安全、军事安全、经济安全、文化安全、社会安全、科技安全、信息安全、生态安全、资源安全、核安全于一体的国家安全体系。

(二) 管控社会稳定风险要以群众获得感为宗旨

习近平同志在党的十九大报告中做出"中国特色社会主义进入新时代,我国社会主要矛盾已经转化为人民日益增长的美好生活需要和不平衡不充分的发展之间的矛盾"的重大政治论断。社会稳定风险源自风险要素对人民群众安全感、生活获得感和幸福感的破坏。马斯洛的需求层次理论(Maslow's hierarchy of needs)认为,人在满足了基本的生理需求之后,必然产生安全、社交、尊严以及自我实现的需求,稳定的社会秩序是实现安全感、开展社交、追求有尊严生活和自我实现的前提条件。对社会安定秩序的破坏，会造成社会不安，打击人民群众对未来生产生活秩序的信心。管控社会稳定风险，必须以提升人民群众的安全获得感为方向。

（三）管控社会稳定风险要坚持系统性思维

管控社会稳定风险不是禁绝风险，而是控制风险之间的平衡。社会稳定风险对社会运行的平稳秩序有破坏作用，风险程度不仅与直接事件有关，而且与其在社会领域的扩散范围和烈度有关。社会稳定风险管控就是要疏导风险能量，控制风险的破坏范围和损失。管控单个社会稳定风险源固然重要，但更重要的是从社会的系统性出发，管控社会稳定风险平衡机制。目前，关于社会稳定风险的研究多集中于讨论和消除风险源，但对相关问题如在何种条件下成为风险源、风险的发生环节和控制策略仍需进一步的深入研究。总体国家安全观要求依托治理体系和治理能力现代化完善社会稳定风险治理，强调依法管控的基本思路，特别通过诉讼和信访分离、立案登记等制度改革理顺社会稳定治理通道。

中国复杂的国情和独特的治理体系决定管控社会稳定风险必须从中国实际情况出发。

一是国情和治理体制的不同。由于国情的特殊性，中国的社会稳定风险管控具有明显特色。如广州经济发展和人民生活已经接近欧美发达国家水平，但在政府管理和民间社会发育方面仍是中国特色的，并不能像欧美国家那样将责任归诸社会部门。

二是分析问题的逻辑不同。由于社会稳定风险具有独特的实践特征，对风险的估计仍然存在很多困难和技术障碍，以至于很多学者提出质疑，主要的批评是认为社会问题复杂性高、风险要素复杂，那些引发事故的重要实践或途径很可能被遗漏掉。关于社会稳定风险发生机制的研究很容易陷入就事论事的局部细节或西方社会风险理论的窠臼。

三是社会稳定风险管控机制不同。中国法律体系和风险管控系统与欧美国家不同，决定了社会稳定风险管理逻辑与欧美国家不能相同，管控社会稳定风险必须坚持从中国实际出发，系统防控，分层治理，不宜照搬欧美国家的经验。

三 构建共建共治共享的社会治理格局

党的十九大提出，"加强和创新社会治理，打造共建共治共享的社会治理格局"是中央基于社会主要矛盾变化做出的重要决策。当前社会主要矛盾发生变化，对社会治理提出新的挑战。因应原社会主要矛盾的社会治理机制难以适应社会需要，表现出格局不平衡、发展不充分、布局不精细等突出矛盾。

营造共建共治共享社会治理格局的部署，旗帜鲜明地坚持以人民为中心的发展思想，要求通过法治途径和法治手段，保障人民群众平等参与社会建设，行使社会治理权力，分享社会发展成果，为新时代国家治理和社会治理指引发展方向。社会治理关键在于增加公众参与社会治理、分享社会发展成果的机会。

《大学》说，"生之者众，食之者寡，为之者疾，用之者舒，则财恒足矣"，增加公共产品生产是解决人民群众日益增长的社会治理需求的根本对策。其关键在于增加生产者，提高生产效率。党的十九大提出，"加强和创新社会治理，打造共建共治共享的社会治理格局"，旗帜鲜明地坚持以人民为中心的发展思想，是解决社会治理公共产品供给不足的"对症良方"。它体现了新时代中国特色社会主义思想坚持以人民为中心，把党的群众路线贯彻到治国理政全部活动中的社会治理领域基本思路。

（一）概念界定与阐述

"共建"是对人民群众作为社会治理主体和社会建设者的高度肯定。坚持以人民为中心是新时代中国特色社会主义思想的基本价值导向，关系到党的执政合法性和根本使命，吸纳最广泛的公众力量参与社会共建是党的群众路线的一贯方针。习近平总书记在党的十九大报告中反复强调"以人民为中心"，要求"把党的群众路线贯彻到治国理政全部活动之中，把人民对美好生活的向往作为奋斗目标，依靠人民创造历史伟业"。党的社会治理决策充分肯定公众作为适格的社会治理主体，掀开破解传统单向度的社会管理弊端，推进全民共建美好社会生活的重要历史篇章。

"共治"就是构建多元治理主体平等的社会治理结构，动员公众投入社会治理，恢复群防群治的社会治理传统。一是重新定位政府在社会治理中的角色，从政府主导、社会参与转向党领导下的政府负责、社会合作，特别是对人民群众通过社会组织、基层自治组织，以及其他新形式参与社会治理的权力给予充分尊重，充分肯定人民群众参与社会治理的权力。二是形成社会多元合作治理的新体制机制，引导公众顺畅投入社会治理服务，破解传统上单向管理效率不高的问题。三是推动公众成为社会服务的建设力量，解决社会治理领域公共服务供给不足的问题。

"共享"就是从价值导向上回应群众对社会治理的期待，推进社会治理成果分享均等化。一是提升公共产品供给数量，解决公共服务不足的问题。二是提高社会治理公共产品质量，满足人民群众日益增长的对美好生活的向往。三是提高公共服务供给的均衡性，基本实现公共服务均等化。

（二）如何实现共建共治共享社会治理格局的构建

营造共建共治共享社会治理格局的理念，反映了新时代中国特色社会主义思想对社会主要矛盾变化的深刻判断和坚定回应。营造共建共治共享的社会治理格局，核心在"共"字，通过法治路径建设保障人民群众共同投入社会建设的权利、共同参与社会治理的机制和共同分享社会发展成果的机会。通过法治途径和法治手段，保障人民群众平等参与社会建设，行使社会治理权力，分享社会发展成果，为新时代社会治理指明方向。

1. 强化人民群众共享社会发展成果的价值导向

首先，社会治理必须以人民群众共享社会发展成果为价值导向，这是党的使命和执政理念决定的，受宪法和法律保护，容不得半点质疑。其次，共享治理成果，是共建共治的社会治理理念的应有之义，人民群众在党的领导下共同参与社会建设、社会治理，自然应该平等地共同分享发展成果。最后，客观上，目前在不同领域仍然存在基本公共服务不平衡不充分的问题，尤其是外来人口在城市中处于边缘地位，未能充分享受到基本公共服务均等化待遇，这是历史原因造成的，应该在社会治理中尽快消除。

2. 搭建全社会共同参与社会治理的体制机制平台

治理格局跳出传统上单纯依靠政府的模式，在厘清政府、企业和社会组织职能边界的基础上，向全社会开放治理空间。党的十六届四中全会提出了"社会管理体制创新"，党的十八大报告又提出"围绕构建中国特色社会主义社会管理体系，加快形成党委领导、政府负责、社会协同、公众参与、法治保障的社会管理体制"，党的十九大报告进一步提出"打造共建共治共享的社会治理格局。加强社会治理制度建设，完善党委领导、政府负责、社会协同、公众参与、法治保障的社会治理体制，提高社会治理社会化、法治化、智能化、专业化水平"，充分反映出党中央关于社会治理理念的不断深化和完善，为新时期社会治理指明方向。

3. 建设人民群众共同参与社会治理的法治路径

创新社会治理，化解社会主要矛盾，满足人民群众日益增长的美好生活需求，必须坚持以宪法和法律为依据，界定各主体的权利、义务，明确责任界限，规范行为方式，整合社会秩序，才能保障社会治理良性运行。广州社会治理格局必须对社会主体保持开放性，运用法治手段搭建社会治理的合作平台和制度规则。治理思路从强调政府对社会的单向行政管控转向严格规范行政权力运行，强化政府服务功能，支持社会多元主体协商互动、合作共治。

4. 路径建设是实现社会各界参与社会治理的通道

一是表达机制，发挥人大、政协、人民团体、基层群众自治组织以及新闻传媒等的社会利益表达功能，充分保障人民群众参与社会治理的表达机制。二是行动机制，通过立法营造稳定的社会治理参与机制，对人民群众参与社会治理形成稳定的机制和行为规范，为社会各界和广大人民的有序参与制度建设落实机制。三是配套制度，建立健全共建共治共享社会治理格局的法治化制度基础，通过法治化的公共财政制度、收入分配制度、社会保障制度的构建工程，保障人民群众参与社会治理的权利。四是救济机制，关注人民群众对公平正义的要求，加强建设高效、公正、权威的司法制度，维护司法公正，为人民群众提供公正、便利的司法服务，推进综合性社会服务。

5. 城市社会治理最终要落实在制度上

中国共产党十九届四中全会作出的《中共中央关于坚持和完善中国特色社会主义制度 推进国家治理体系和治理能力现代化若干重大问题的决定》中提出了"加快推进市域社会治理现代化"。市域层次具有相对完整的政治、经济、文化生态体系，也基本配备较为系统的社会治理体系，具备化解社会重大矛盾问题的治理资源和能力，是推进风险化解和提升风险治理能力较为理想的治理单位。

市域社会稳定风险治理是推进国家治理体系和治理能力现代化的重要内容。城市管控社会稳定风险的能力，不仅是城市长治久安的基础条件，也是城市竞争力和形象的重要标志。

第三章　广州城市社会稳定风险

改革开放40年，广州市GDP从1979年的48.75亿元增长到2019年的21503.15亿元，人均GDP达到150678元，数据上猛增438倍。广州的发展得到不同角度的研究和认可，如作为沿海城市、省会城市、商贸中心城市等，却很少有人注意到她作为一座有两千年历史（公元前214年建城）的传统大城市在漫长的岁月中始终挺立潮头。

改革开放过程中，广州始终坚持发展为了群众、改革依靠群众、成果由群众共享的理念。得益于传统文化和民间社会的发达，改革开放40多年来，广州政府和社会之间一直保持良好的合作关系、顺畅的沟通渠道。政府愿意倾听民意，藏富于民，市民也当仁不让，民间慈善和志愿者服务一直走在全国前列。经济上，政府不与民争利，中小型民营经济支撑了广州经济的半边天空，纾民困、解民难，民生投资一直占到广州财政预算的大头；治理上，与民协作，听民声，连续多年在法治政府建设方面走在全国前列，尊重民意，快速回复民间呼声是政府得到百姓尊重的重要原因。

一　广州社会稳定风险特点

城市作为社会稳定风险发生和治理的重要时空，具有相对独立、完整的生产生活关系体系和治理体系，在市域视野下，社会稳定风险也具有一些新特点。

（一）城市人口规模庞大，风险流动性强

受现代城市经济人口密度大、组织复杂程度高、生产生活节奏快的影响，社会稳定风险在城市领域更为易发、高发。各类社会安全事件不仅直接损害市民生命财产安全，还会冲击市民对生产生活环境安全的信心，破坏发展稳定的大局。城市，尤其是超大城市的社会稳定情况更为复杂。

广州人口规模庞大，人口密集度高，社会文化多元化程度高，社会稳定风险要素丰富，风险流动性强。根据广州市统计局网站公布的数字，截至 2018 年年末，常住人口为 1490.44 万人，其中户籍人口仅 927.69 万人，极大提升了社会稳定风险管控难度（见图 3-1）。一是广州目前仍处于人口增长期，为社会稳定风险管控增加了难度。广州是人口净流入城市，目前常住人口规模仍保持年均 50 万的增长速度。按照目前的增长速度，广州常住人口数量将在 2020 年超过天津。二是人口流动性大，广州是国际商贸中心城市和国际物流中心城市，如与天津相比，两城人口总量接近，但广州的户籍人口占常住人口的比例小于天津。2018 年，广州接待过夜旅游人数 6532.55 万人次，社会稳定风险管控难度更大。三是广州是一线城市中人口稳定增长的超大城市，面临严峻的治理挑战。近年来，北京和上海不断疏解城市功能，减少常住人口，深圳人口增速高于广州，但常住人口规模则小于广州。

在本轮"抢人大战"中，广州尚未有大的举措，如果未来广州加大青年人才吸引力度，人口增速仍将提高，社会稳定风险治理难度亦将持续攀升。

28 广州社会稳定风险与治理

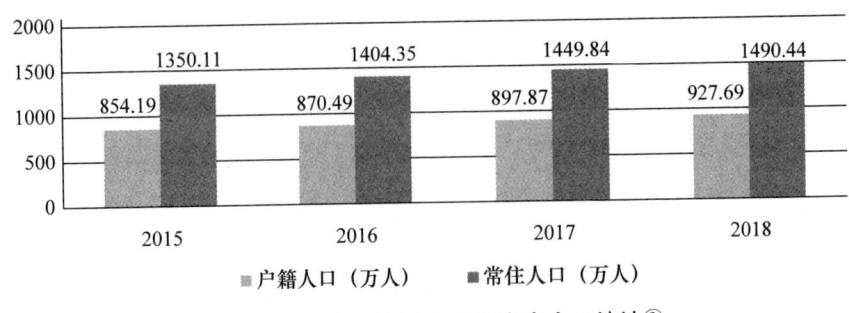

```
2000 ┤                                      1449.84        1490.44
     │           1350.11       1404.35
1500 ┤
     │  854.19         870.49        897.87        927.69
1000 ┤
 500 ┤
     │
   0 └──────2015────────2016─────────2017──────────2018
         ■ 户籍人口（万人）    ■ 常住人口（万人）
```

图 3 – 1　2015—2018 年广州岁末人口统计①

（二）城市运营复杂程度高，风险链条长

广州经济发达，经济体量长期位于国内城市前三名，公共服务精细化程度高，以超高建筑、自动化轨道交通为代表的基础设施承载压力大，设计冗余不足，社会稳定系统脆弱性突出。

城市运营压力大，对社会稳定风险管控的精细化程度要求高。一是人流、物流密度大，社会运营压力较大。广州全年港口货物吞吐量 61313.31 万吨，增长 3.9%；港口集装箱吞吐量 2192.21 万国际标准箱，增长 7.6%。全年广州白云国际机场旅客吞吐量 6974.32 万人次，机场货邮行吞吐量 249.33 万吨，分别增长 5.9% 和 6.6%。二是地铁等高精细化交通运输方式里程长，客流量大，风险点多。广州地铁 2018 年线网总客运量达到 30.26 亿人次，日均客运量达 829.03 万人次，地铁客运量占城市公共交通比重上升至 51%，单日最高客运量达 996.2 万人次。而且，地铁新通车里程不断增加，仅 2018 年广州地铁开通里程就有 87.1 千米。三是社会矛盾点多。仅 2019 年前三季度，全市法院新收各类案件就达 470794 件。

城市有限的承载能力和经济人口活跃度之间存在矛盾的关系。2012 年北京 "7·21" 特大暴雨造成全市 190 万人受灾，77 人遇难，经济损失近百亿元。这一灾难事故说明，城市的空间和公共服

---

①　广州市统计局历年发布的"广州市人口规模及分布情况"，见广州市统计局网站。

务能力不可能无限增长，承载的人口和经济活动负荷越大，风险点就越多，风险链条也就越复杂；公共服务（设施）运转的精准性越高，运转越高效，系统的冗余就越小，脆弱性就越高。

（三）发展处于换挡期，社会稳定风险压力大

广州当前处于城市转型升级的"换挡期"，加大了社会稳定风险治理难度。经济社会结构复杂，征地拆迁、劳资纠纷等易引发社会稳定风险的问题领域多，产业升级压力大。从目前的形势看，我国经济已经进入下行周期。欧美和日本等国多次经济下行周期社会矛盾激化的发生发展规律表明，由于经济对社会领域的影响存在时间滞后效应，中国经济增速下滑的风险很可能在2019年传导至就业市场，并对社会稳定风险产生影响。尽管广州2019年前三季度仍然保持较高的发展速度，但并不能改变经济进入新常态的形势。

经济增速放缓形势下，必须防止社会稳定风险管控机制本身的风险。加强社会稳定风险管控最佳时期是经济高速发展期，可以通过增量换空间，当经济增速进入放缓阶段，必须加强稳定风险管控本身的风险评估。一是警惕社会稳定风险管控机制通过加强社会结构紧张影响社会稳定。美国社会学家莫顿（Merton）、斯梅尔塞（Neil Smelser）指出，结构紧张（structural strain）是造成社会矛盾的基础原因，即社会塑造的人的价值观以及对未来的期望值与社会能够提供的获得成功的渠道之间的失衡，是造成社会矛盾、犯罪和社会冲突的重要原因。二是防止社会稳定风险管控机制对风险信号识别不准确，对社会心理造成刺激。近年来，远如杭州、重庆渐追渐近，不断有呼声要将广州踢出"一线城市"；近如深圳不仅得到中央支持"建设中国特色社会主义先行示范区"，还被明星经济学家赞为"地球经济中心城市"。广州尽管经济增速依然可观，但在产业布局和城市发展的想象空间上难免有所不足。如果这种形势得不到改善，未来很可能引发人们对广州前途的忧虑，并将这种忧虑反

射到生产生活中，引发社会不安。

广州文化多元，社会宽容度高，必须严加防范意识形态风险侵入。广州是国际商贸中心城市，处于中外文化交流前线，是防范相关意识形态风险的门户。当前世界对全球化的再认识加剧了国际交往的复杂性，美国等大国推动的逆全球化潮流引发思想市场关于全球化对国家经济发展影响的混乱，少数别有用心的人借此机会污蔑"一带一路"倡议。中美贸易摩擦加剧，引发境外部分国家对中国发展的污名化讨论，少数不明真相的群众在信息掌握不全的情况下，容易受到蛊惑，甚至对改革开放道路产生怀疑。

广州在地理和文化上毗邻我国香港地区，信息交流频密，"反修例风波"引发的社会争议很容易被放大、歪曲并向广州传播，造成社会情绪波动。2019年，境外不法分子在我国香港地区散布各种小道消息，煽动社会对抗，鼓吹暴力，严重干扰了其正常秩序和人民生活安定。广州必须加强相关方面的交流管控：一是加强广州本地人员到港的安全提示；二是加强港籍人员在穗工作生活服务、引导，禁绝港独思潮传播；三是谨慎提升相关风险防控级别，建立风险处置预案。

意识形态风险不仅非常容易嵌入各种社会活动，或与其他社会风险结合，而且常常扮演其他风险计划的助燃剂。加强社会稳定风险防控必须将意识形态风险看作重中之重，枕戈待旦，防患于未然。

二 广州公众社会稳定风险认知调查

民众对生活和政府权威的信任是维护社会稳定的根本所在。《论语》记载子贡向孔子请教维护政治秩序条件层次，孔子回答："足食，足兵，民信之矣。"在子贡进一步追问三者对秩序影响的优先性时，孔子认为对衣食住行的需求优先于安全，对政治秩序的信心更优先于衣食住行,"自古皆有死,民无信不立"①。这一论断充分展示社会稳定秩序的关键——人们对秩序的信心是秩序存在的根本支撑力量。

公众的社会稳定认知对社会稳定的影响主要体现在两方面。一是影响社会心理稳定。研究表明,即使发生概率较低的风险,如果反复进入民众讨论的视野,它引发社会恐慌的机会不断增多。② 二是可能导致对秩序权威的不信任。拉克儿肖斯(Ruckelshaus)用"恶性螺旋"来描述这一情况:不信任导致一个下行的恶性螺旋,公众越不信任,政府在提供人们要求和需要的东西方面效率就越低。③

2019年10月,课题组通过网络问卷的方式调查了1000名长期在广州生活的受访者。调查显示,几乎绝大多数受访者对广州的社会稳定、经济发展、家庭收入表示满意并具有信心,同时也表达了对物价持续上涨和看病、子女入学等问题的担心。

(一)社会稳定风险认知度高

人民群众对社会稳定的获得感是评价社会稳定水平的重要指标。由于风险是对未来的判断,并以此指导未来的行为,几乎可以说风险意识本身就是风险。④ 从结构上看,社会稳定客观情况和人民群众对社会稳定的认知呈螺旋式交织。相对稳定的生活催生人们的安全感,这种安全感反过来进一步提升社会的稳定

---

① 《论语·颜渊》。
② [美]斯洛维奇等(Paul Slovi, Baruch Fischoff, and Sarah Lichtenstein)在"事实对恐惧:理解可觉知的风险"中关于风险感知便利性(availability)的讨论,参见[美]丹尼尔·卡尼曼等编《不确定状况下的判断:启发式和偏差》(诺贝尔经济学奖获得者丛书),中国人民大学出版社2013年版,第520页。
③ 转引自[美]珍妮·卡斯帕森等《风险的社会放大:15年研究与理论评估》,收在[英]尼克·皮金等编《风险的社会放大》,中国劳动社会保障出版社2010年版,第20页。
④ 这一现象在社会领域尤其明显,参见[法]古斯塔夫·庞勒《乌合之众:大众心理研究》,冯克利译,中央编译出版社2005年版,第49页。

水平；反之，社会心理的不安势必影响社会和谐，破坏社会稳定。

1000名受访者中，91.7%的受访者在广州定居时间超过6年，783名受访者超过10年（见图3-2）。83.6%的受访者处于26—55岁（见图3-3）。受访者中，在政府机关、事业单位、国有企业等体制内工作的有201人，占20.1%；外资企业员工265人，民营企业员工397人，共占66.2%；独立从事经营或技术工作的，包括私营企业主96人；自由职业者41人，占比为13.7%（见图3-4）。

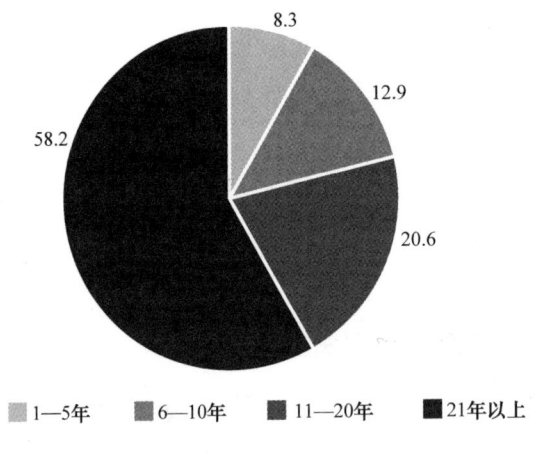

图3-2 受访者在广州的居住时间（%）

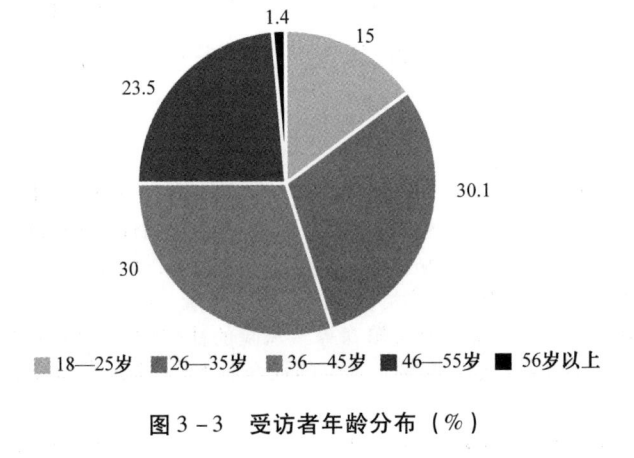

图3-3 受访者年龄分布（%）

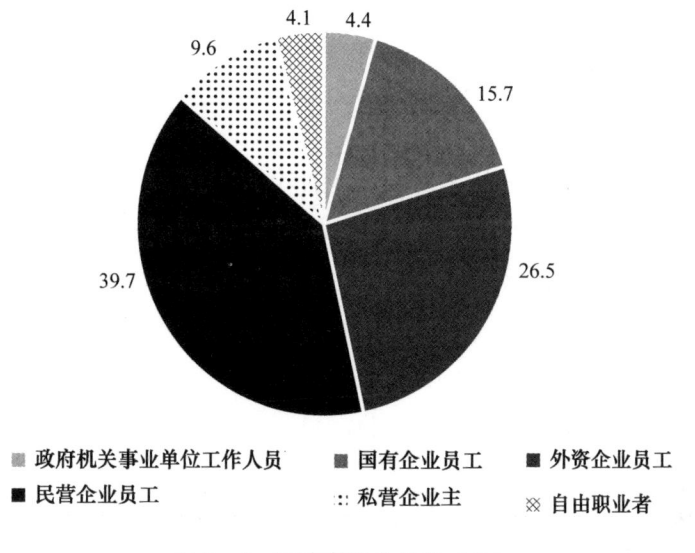

图3-4 受访者职业分布（%）

调查显示，广州受访者对社会稳定风险了解程度较高。67.7%的受访者自评比较了解社会风险，显示广州民众在风险认知方面具有较高水平；仅有3.4%的受访者对社会稳定风险基本不了解。按照职业类别统计结果，不同职业受访者对社会稳定风险的认知没有明显差异（见图3-5）。

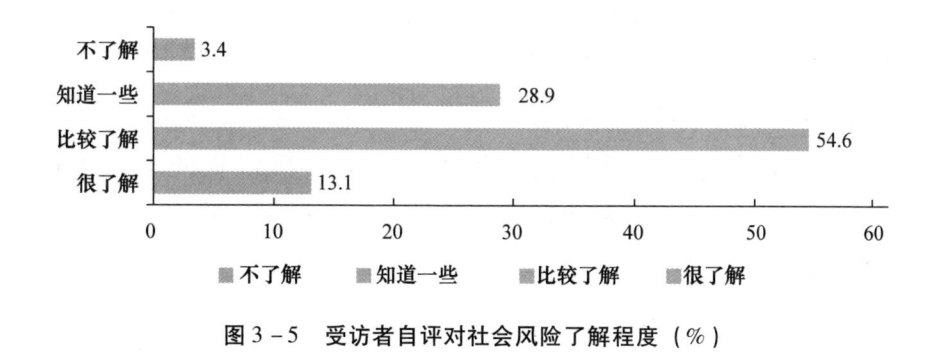

图3-5 受访者自评对社会风险了解程度（%）

（二）民生幸福满意度足

调查显示，多数受访者对家庭收入和社会秩序、政府治理满意度较高，说明广州经济长期处于国内一线，公共秩序平稳，市民的生活幸福感较强。

1. 家庭收入满意度

绝大多数受访者对目前家庭收入表示满意，女性顾虑略多。91.9%的受访者（919人）对当前家庭收入情况表示满意，不满意的比例仅为8.1%（81人）（见图3-6）。这显示广州长期经济增长对居民安居乐业和社会心理稳定的促进作用明显。

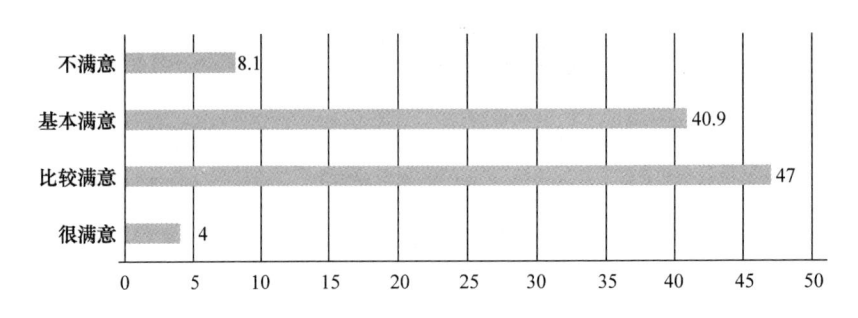

图3-6 受访者对家庭收入满意度（人）

广州市统计局的调查数据佐证了这一点。2018年，广州市城镇非私营单位在岗职工年平均工资为111839元，同比名义增长13.4%，扣除物价因素，实际增长10.7%；广州市城镇私营单位就业人员年平均工资为66719元，同比名义增长8.9%，扣除物价因素，实际增长6.4%。[①]

2. 对国家反腐工作的满意度

92.5%的受访者对反腐工作表示满意，显示党的十八大以来全面从严治党对增强群众对国家治理和社会发展的信心具有促进作用（见图3-7）。

3. 对广州社会治安情况满意度

98.6%的受访者（986人）对广州的社会治安情况表示满意（选择"很满意""比较满意""基本满意"），76.3%的受访

---

① 广州市统计局：《2018年广州市城镇非私营和私营单位就业人员年平均工资情况》（http://tjj.gz.gov.cn/gzstats/tjgb_qtgb/201906/625e12e442404eab97cc55ce3691367e.shtml）。

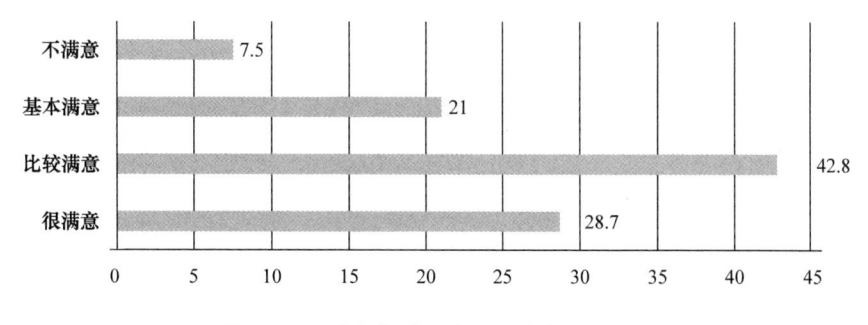

图 3-7　受访者对反腐工作满意度（人）

者（763 人）满意度较高（选择"很满意""比较满意"）（见图 3-8）。数据显示，越是在广州定居时间长的受访者，对广州治安情况满意度越高，说明广州近年来社会治安效果被市民看在眼中（见图 3-9）。

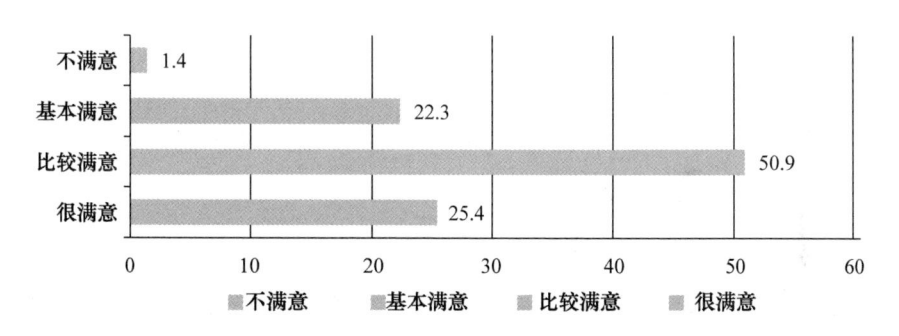

图 3-8　受访者对广州社会治安情况满意度（%）

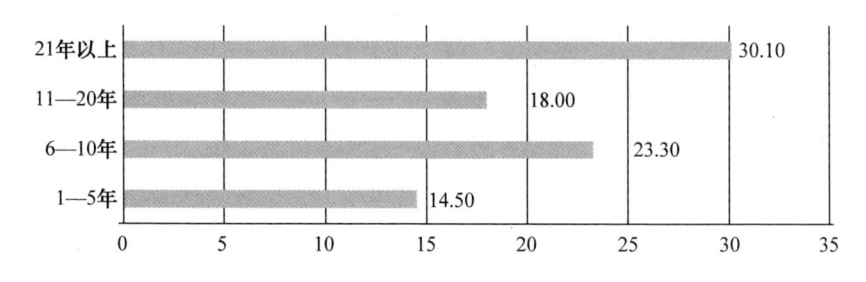

图 3-9　对广州社会治安表示"很满意"的受访者占比（%）

4. 对公安司法机关的信心充足

对广州公安、司法机关工作满意度的调查显示，98.1% 的受访者（981 人）对广州公安、司法机关工作选择了基本满意、比较满意和很满意的选项，其中 53.1% 的受访者（531 人）选择了比较满意，22.3% 的受访者（223 人）选择了很满意（见图 3-10）。这充分表明市民对广州法治环境和社会治安情况满意度很高，充满信心。

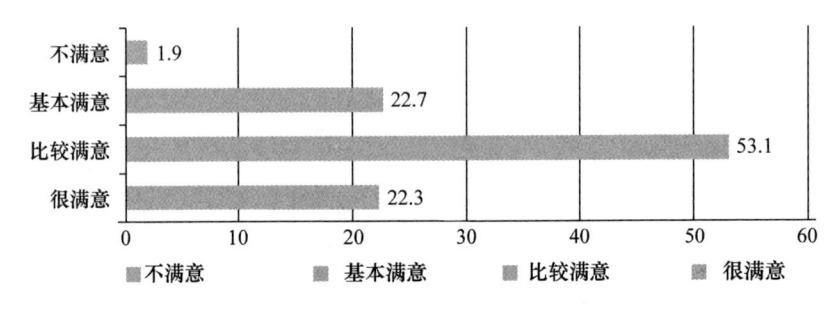

图 3-10 受访者对广州公安司法机关满意度（人）

（三）对城市发展信心稳

调查显示，受访者对广州的社会稳定信心充足。

1. 社会稳定预期

97.8% 的受访者（978 人）预期广州未来社会总体会保持稳定，70.7% 的受访者（707 人）预期广州未来经济社会发展会保持平稳（见图 3-11）。

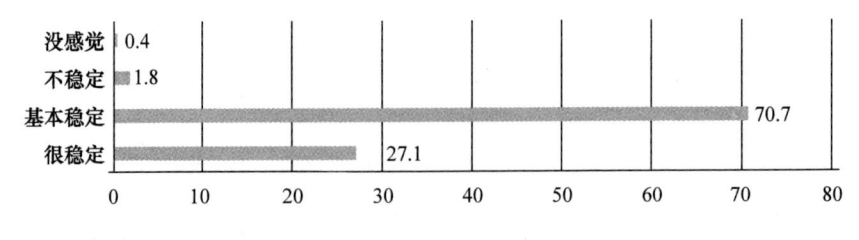

图 3-11 受访者对广州社会稳定的预期（人）

2. 经济社会发展预期

97.6% 的受访者（976 人）对广州未来的经济社会发展表示乐观，预期悲观的仅有 2.4%（24 人）（见图 3-12）。

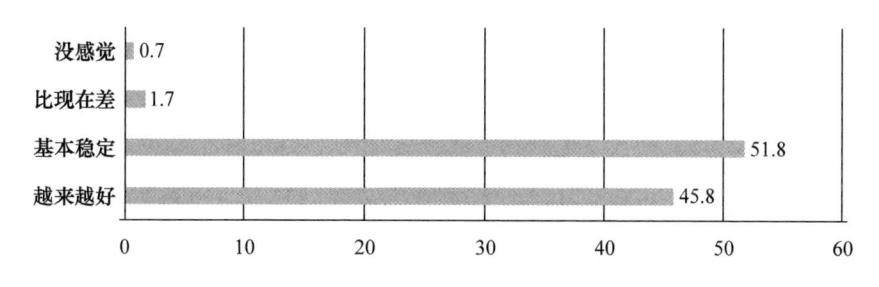

图 3-12 受访者对广州经济社会发展预期（人）

- 没感觉 0.7
- 比现在差 1.7
- 基本稳定 51.8
- 越来越好 45.8

3. 生活质量预期

32.1%的受访者认为，未来三到五年生活质量会好于现在；选择"越来越好"的受访者中，18—25岁年龄段的受访者占40%，显示年青一代成长在广州高速发展阶段，对生活质量持续提升更具信心（见图 3-13）。

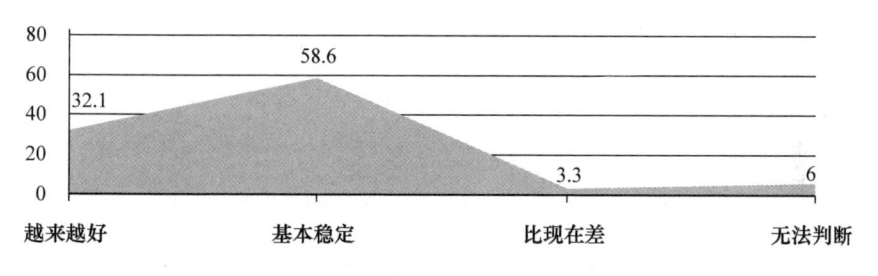

图 3-13 受访者对未来三到五年生活质量预期（人）

- 越来越好 32.1
- 基本稳定 58.6
- 比现在差 3.3
- 无法判断 6

（四）市民最担心物价、医疗和教育

1. 个人和家庭问题的担心

未来三到五年，最担心的个人和家庭问题中，71.5%的受访者（715人）将重大疾病列为首选项，其次是子女入学和房屋等家庭资产贬值。

2. 公共问题的担心

80.4%的受访者（804人）将物价持续上升选为未来三到五年最担心的公共问题，其次是传染病等公共卫生问题和自来水污染等公共卫生安全事件（见图 3-14）。

38　广州社会稳定风险与治理

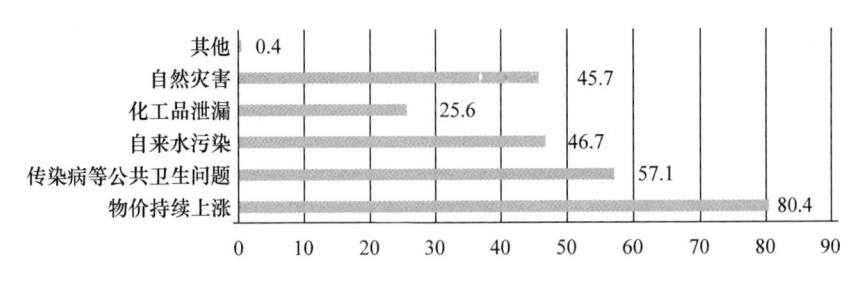

```
其他              0.4
自然灾害                          45.7
化工品泄漏                  25.6
自来水污染                         46.7
传染病等公共卫生问题                    57.1
物价持续上涨                                80.4
       0  10  20  30  40  50  60  70  80  90
```

图 3-14　受访者最担心的公共问题（人）

物价和医疗是市民最困扰的问题。对未来生活的考量中，86.7%的受访者（867人，多选）认为物价上涨是目前最困扰个人的公共问题，59.8%的受访者（598人）将看病难列为最困扰个人和家庭的问题，38.9%的受访者（389人）认为工作不稳定是困扰，38.6%的受访者（386人）认为子女入学是困扰问题（见图3-15）。

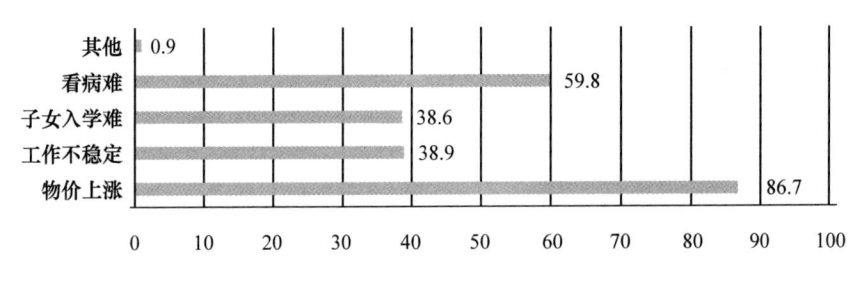

```
其他          0.9
看病难                         59.8
子女入学难           38.6
工作不稳定          38.9
物价上涨                              86.7
     0  10  20  30  40  50  60  70  80  90  100
```

图 3-15　受访者最担心的民生问题（人，本题为多选题）

3. 可能影响社会稳定的因素

在未来三到五年可能影响广州社会稳定的因素中，大型公共安全事件、征地拆迁、劳资纠纷成为受访者最担心的问题，分别有59.3%、50.3%和58.5%的受访者选择了以上选项。相比之下，仅有37.7%的受访者选择"犯罪率上升"。这表明公众对政府稳定社会的法治管控能力有较强信心，较为担心经济发展可能导致公共安全事件。

4. 受访者对中美贸易摩擦是否影响广州经济发展认知分歧

37.6%的受访者认为中美贸易冲突将对市民生活造成影响，

43.6%的受访者认为中美贸易冲突不会影响当前的生活。选择无法判断的受访者占13.0%，表明中美贸易冲突对市民生活的影响尚未明确显现，公众认知分歧，未来仍可能成为影响的重要因素（见图3-16）。

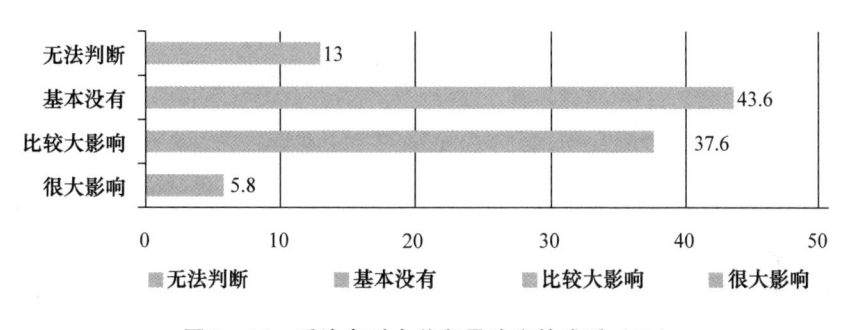

图3-16 受访者对中美贸易冲突的感受（%）

5. 受访者对经济稳健存在忧虑

47.4%的受访者认为未来三到五年中国经济不会发生危机，22.5%的受访者认为无法判断，30.1%的受访者认为中国未来三到五年有较大可能发生经济危机（见图3-17）。

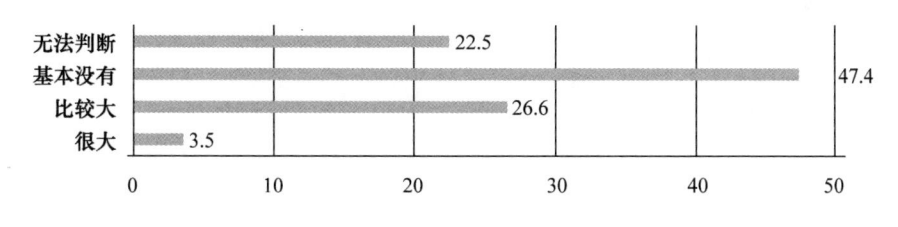

图3-17 受访者对未来三到五年经济危机风险的判断（%）

（五）不同收入阶层关注点不同

图3-18反映了不同收入层次在工作和创业环境方面希望得到改善的地方。年收入较低的青年（10万元以内）回答"降低生产成本"的最多，其次是"减少各类政府审批时间"和"加强保护投资者和工人合法权益"，再次是"建立社会信用体系"和"完善并公布明晰的市场准入负面清单"，最后是要求

"提高政府的办事效率和透明化水平"和"鼓励包括外资企业在内的各类企业，通过公平竞争，参与基础设施和公用事业项目建设"。年收入中等（11万—20万元）及以上的青年（20万元以上），回答最多的是"减少各类政府审批时间"和"降低生产成本"；其次，中等收入青年关心的是"加强保护投资者和工人合法权益"，中等收入以上青年除关心这个问题之外，也关心"建立社会信用体系"；与中等收入以下青年一样，收入较高的青年对"提高政府的办事效率和透明化水平"和"鼓励包括外资企业在内的各类企业，通过公平竞争，参与基础设施和公用事业项目建设"这两个问题的回答，排在了最后。

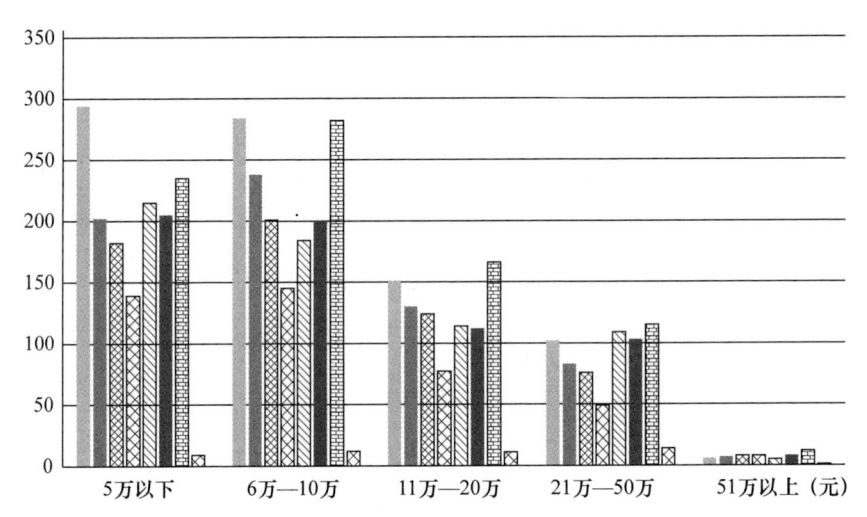

- 降低生产成本（包括厂房租金、水电费用、用工费用等）
- 减少各类政府审批时间
- 建立社会信用体系
- 完善并公布明晰的市场准入负面清单
- 加强保护投资者和工人合法权益
- 鼓励包括外资企业在内的各类企业，通过公平竞争，参与基础设施和公用事业项目建设
- 提高政府的办事效率和透明化水平
- 其他

图3-18 不同收入层次希望改善的问题

这组数据的显著特征是：第一，回答此类提问的青年以创业或有意愿创业为主，更愿意考虑如何推动政府营商环境的优化。第二，中等及其以上收入的青年更在意能否"减少各类政府审批时间"，中等以下收入青年更关注"降低生产成本"。第三，许多显然与现代化营商环境相关的问题，也得到了较大关注，如"建立社会信用体系"和"加强保护投资者和工人合法权益"。

（六）女性风险意识更强

调查显示，女性对风险的敏感度更高，在预防风险方面的主动性更强，也说明女性更易受到风险波动的影响，是城市社会稳定风险管控应该高度注意的群体。

1. 女性风险意识更高

一是女性对家庭经济收入的满意度低于男性，52.8%的男性受访者对家庭经济收入情况表示比较满意及以上，作出同样选择的女性受访者则为49.2%，显示女性对家庭经济收入情况有更多焦虑（见图3-19）。

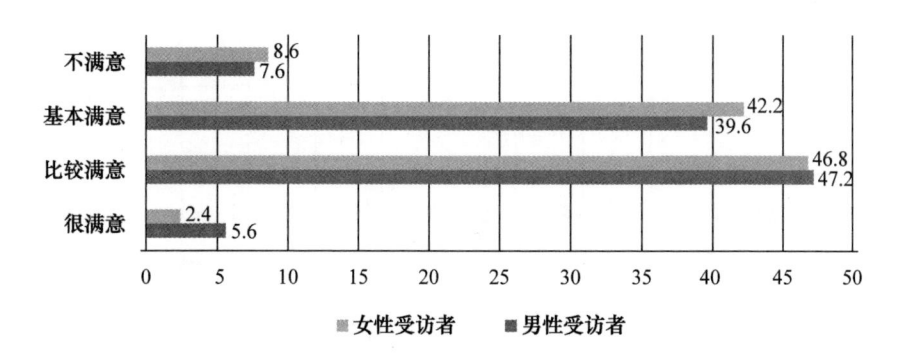

满意度	女性受访者	男性受访者
不满意	8.6	7.6
基本满意	42.2	39.6
比较满意	46.8	47.2
很满意	2.4	5.6

图3-19 不同性别受访者对家庭收入满意度（%）

二是女性对物价上涨问题更加敏感。男女受访者担心的公共问题顺序基本一致，但在最担心的公共问题上，83.4%的受访女性对"物价持续上涨"的忧虑明显高于男性的77.4%。对传染病等公共卫生问题的敏感度,女性(59.4%)也高于男性(54.8%)。

2. 保险、储蓄、提升个人能力是预防风险首选项

在预防社会稳定风险方面,80.3%的受访者将"购买疾病、养老等保险"列为首选;76.6%的受访者选择了"增加储蓄",62.6%的受访者选择"提升专业能力"。在应对未来风险方面,女性受访者明显比男性更加积极、主动。通过增加储蓄、购买保险、提升专业能力预防未知风险的主动性明显高于男性(见图3-21)。

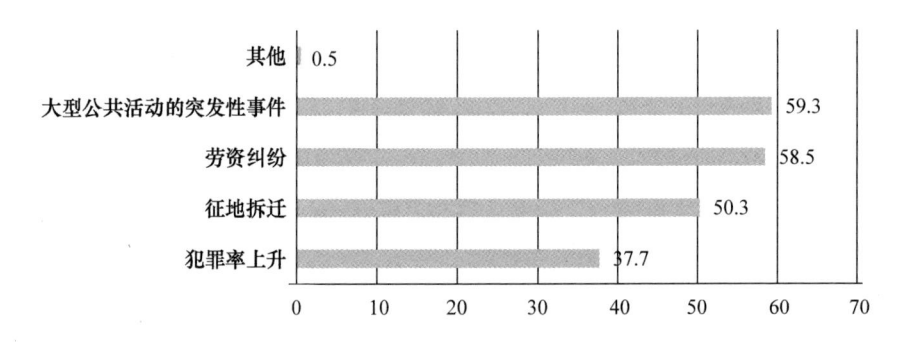

图3-20 受访者对未来社会稳定风险领域的认识(%)

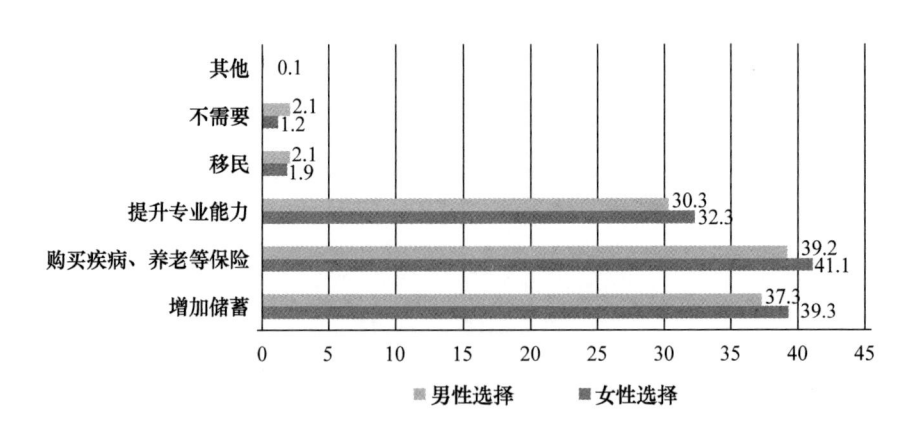

图3-21 不同性别受访者应对风险的选择(%)

我们开展的另一项社会调查显示(见图3-22),收入和事业

发展空间是青年人才最关心的问题，也是最容易引起社会情绪波动的领域。课题组在粤港澳大湾区其他城市所做的调研显示，即使在制造产业高度发达、离广州仅有数十千米的顺德，仍有高达64%的高学历受访者（硕士以上）对目前的收入状况并不满意，58%的受访者将收入和事业发展空间排在未来最担心的事项，6%的受访者明确表示希望到广州、深圳就业（见图3-23）。[①]

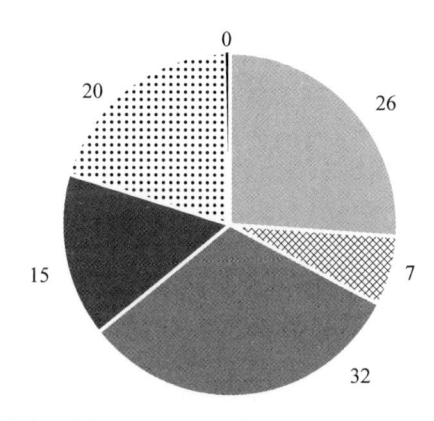

图3-22 未来最关心的事项（%）

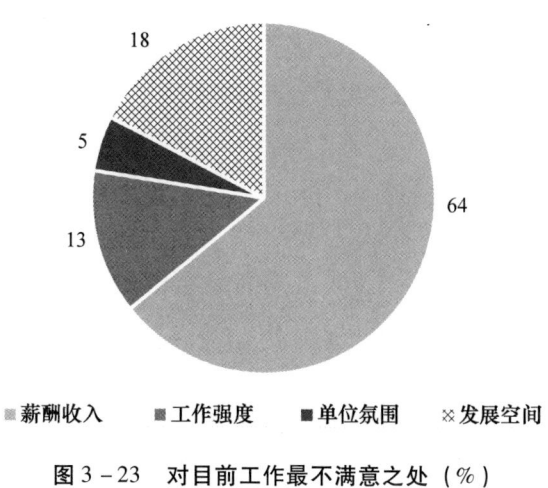

事业发展空间 / 失业 / 收入 / 重大疾病 / 子女教育 / 企业融资渠道少，融资困难

26 / 7 / 32 / 15 / 20 / 0

图3-23 对目前工作最不满意之处（%）

薪酬收入 / 工作强度 / 单位氛围 / 发展空间

64 / 13 / 5 / 18

---

① 通过问卷星平台开展网上调查，受访人数1779人。

顺德就业的受访者关于广州的看法客观上说明广州的城市服务能力已经辐射到周边，并为周边城市提高人才吸引力提供了支撑。访谈发现，未来来往一线城市的便利度是支持高层次人才愿意在顺德工作的重要考量：一是高速公路，这是来往顺德与广州的日常通勤通道；二是来往广州南站的便利程度，这是联系顺德与广州、深圳的周末来往通道；三是来往白云机场的便利程度，这是来往顺德与国内大城市和国外的探亲通道。

第四章　影响广州社会稳定的风险因素

习近平总书记在省部级主要领导干部坚持底线思维着力防范化解重大风险专题研讨班开班式上发表重要讲话，指出维护社会大局稳定归根结底在于不断增加人民群众获得感、幸福感、安全感。这要求广州在城市社会稳定日常风险管控中，重点关注群众在安全收入、生活方面的实际获得感；在城市稳定突发性风险管控中，重点关注风险管控与风险的匹配能力，增强人民群众的幸福感和安全感。

习近平总书记指出，"我们必须始终保持高度警惕，既要高度警惕'黑天鹅'事件，也要防范'灰犀牛'事件"。重大利益冲突风险、突发性公共事件安全风险和意识形态风险属于一望可知后果的"黑天鹅"；基本民生保障风险和治理体系承载能力的风险就属于"灰犀牛"事件，很容易令人熟视无睹。

一　基本民生保障风险

美国学者 Alexandra Reifschneider 提出的公共产品供给竞争理论模型认为，在发展中国家的城市，充足的地方公共产品供给，如基础设施建设、垃圾收集、治安环境、医疗和教育条件、消防设施等，有助于人财物的集聚；对于公共产品供给需求敏感度较高的城市,更能够成为"发展活跃型城市"。① 衣食住行等基本民生需求的满足直接影响人民群众的幸福感和获得感。围绕衣食住行产生的"发展型相对剥夺感",是社会稳定风险的温床。

(一) 相对剥夺感是社会动荡的温床

大量研究证明,长期贫穷不一定会造成社会不安,但心理落差会。② 如果人们预期能获得某种价值,最终的价值实现却无法达到,就会产生社会沮丧感。社会学家将这种落差心理称为"相对剥夺感"③。亨廷顿等的研究表明,社会贫富程度与社会冲突之间几乎没有明显关联,反而对未来的价值期望与实际获得导致的相对剥夺感有较大可能引发社会冲突。亨廷顿在《变化社会中的政治秩序》中以贫民窟明显的保守主义和顺从为例,指出尽管这些移民仍然处于社会阶梯的底部,但与以前状况相比产生的相对获得感,让他们产生了幸福感。因此,社会稳定风险的重点不在贫富本身,而在对贫富的认知。

相对剥夺感有多重类型,其中"发展型相对剥夺感"描述处在改革发展阶段的情况。对处于改革和发展期的城市来说,长期高速增长让人们对城市和个人的未来均持乐观态度,社会的价值能力(城市发展带来的造富、造福机会)和人们的价值期望长期保持上升态势。城市的经济发展能力是客观的,随时在变化;人的价值预期却是主观的,受惯性思维影响。一旦经

---

① Alexandra P. Reifschenider, *Competition in the Provision of Local Public Goods*, Edward Elgar Publishing Limited, 2006.

② [美]亨廷顿指出,无论是托克维尔对法国大革命的研究,还是霍斯里茨(Hoselitz)和韦纳(Weiner)对印度现代化的研究,都表明"政治稳定与经济发展之间的相互关系很模糊,甚至成反比"。[美]塞缪尔·亨廷顿:《变化社会中的政治秩序》,王冠华等译,上海世纪出版集团2008年版,第38—41页。

③ [美]格尔(Ted Robert Gurr)在《人们为什么要造反》(*Why Men Rebel*)中提出"相对剥夺感"的概念,Princeton University Press, 1971。

济发展速度下滑等原因导致社会的价值能力下降，就会造成人们对城市的失望、埋怨和恐慌。价值期望和价值能力之间的落差扩大时，就会产生"发展型相对剥夺感"（J曲线理论，见图4-1）。相对剥夺感越大，人们参与社会抗争活动的可能性越大，行为的破坏性就越强。根据赵鼎新的研究，剥夺感或压迫感本身不足以使人们加入社会运动，对剥夺感或压迫感的理论解读和行动指引才是激化社会矛盾的导火索。激化程度深度受这种指引对社会变革要求的影响。①

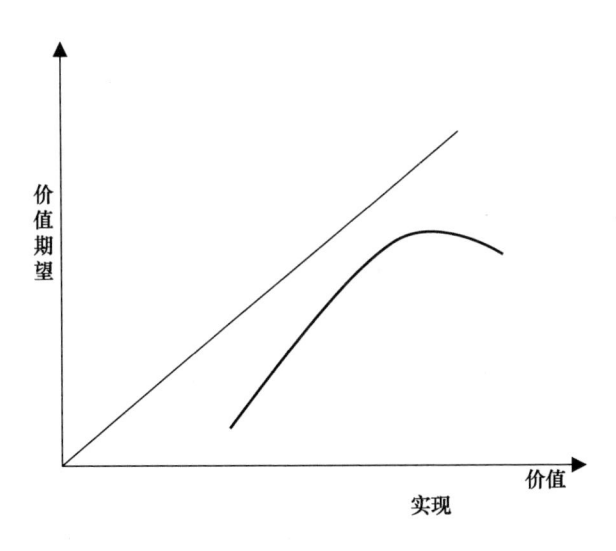

图 4-1 发展型相对剥夺感的发生机制

2002年《深圳，你被谁抛弃》一文揭示了当时深圳民间的集体失落和彷徨情绪，事后深圳用新一轮腾飞成功化解了社会忧虑。② 客观地看，尽管当时深圳面临上海的竞争压力，产业和经济发展水平在国内仍处于第一集团，但从"一枝独秀"到

---

① 赵鼎新：《社会与政治运动讲义》（第二版），社会科学文献出版社2012年版，第22、81页。
② 2002年11月16日，网名"我为伊狂"分别在人民网"强国论坛"和新华网"发展论坛"上贴出长达1.8万字的《深圳，你被谁抛弃》，表现了深圳人对深圳前途的深深忧虑。

"优秀之一"的心理落差引发深圳人的"发展型相对剥夺感"。一时间,深圳仿佛穷途末路,社会心理波动很大。值得注意的是,现在广州很可能也面临同样的问题。

(二)经济增速放缓影响治理投入

通过就业市场传导,经济增速放缓会影响社会秩序和社会心理。2019年前三季度,广州经济运行总体平稳,但前景并不明朗。1—9月,广州全市实现地区生产总值17868.99亿元,增长6.9%,比上年同期提升0.6个百分点,是一线城市中唯一同比增速超过2018年前三季度的(见表4-1)。但广州的经济增长具有以下隐忧:首先,同比增幅并不明显;其次,京、沪、深三地遇到的增速下行情况很可能是广州未来将要面对的问题。经过40多年的经济持续高速增长,大多数民众对GDP增速和宏观经济的压力传导过于敏感,很容易将就业等竞争压力转变成挫折感。

表4-1　　　　一线城市地区1—9月生产总值的增长情况

一线城市	北京	上海	广州	深圳
2018年1—9月	6.7	6.6	6.3	8.1
2019年1—9月	6.2	6.0	6.9	6.6

数据来源:北京、上海、广州、深圳四市统计局官网披露数据。

经验表明,经济下行造成的社会不满情绪具有累积效应,社会稳定风险强度与经济下行的持续时间呈正相关关系,经济下行的持续时间是影响社会稳定风险强度的重要指标。英国1925年经济危机时期的犯罪数据显示,经济危机开始5年,英格兰和威尔士被逮捕犯罪案件仅增加了5.3%,此后5年却增加了19.8%。对日本1953年、1965年、1973年、1980年、1991年五次经济危机期间发案率的统计也说明,经济危机爆发的次年是犯罪率急剧上升的年份，并伴随经济危机持续而不断走高。

经济增速放缓时，失业率上升可能引发犯罪发案率升高。经验表明，经济下行周期往往伴随恶性犯罪（暴力犯罪、侵犯财产犯罪、经济犯罪）数量激增，收入减少和失业是影响社会稳定风险的主要因素。对英、美、日等国多次经济危机期间社会治安的研究表明，经济下行导致的居民收入下降和失业率上升会使恶性案件迅速增多。我国的统计数据也证明了这一点，2009年1—10月（2008年爆发国际金融危机），全国公安机关所立各类刑事犯罪案件比2008年同期上升14.8%。

目前，广州社会治安情况良好，未发现刑事犯罪率上升的情况，但未来仍有待观察。2014年以来历年1—9月的案件数据对比显示，2019年1—9月刑事案件总体持平，民事案件基数大、增量大，执行案件继续保持较快增幅，表明广州刑事犯罪情况并未出现明显波动（见图4-2）。

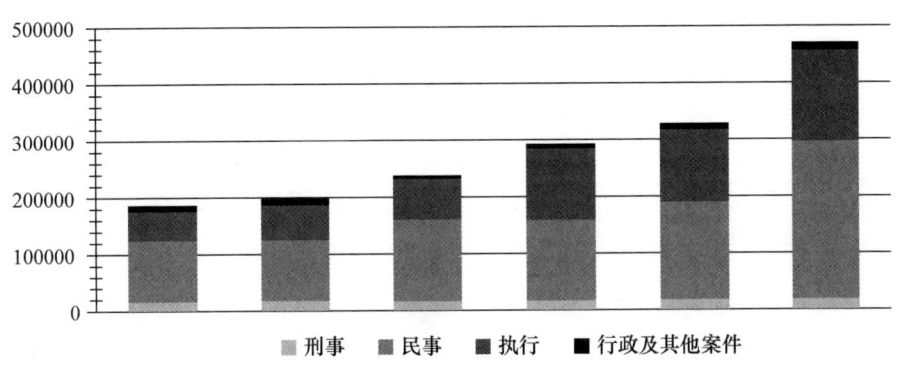

图4-2　2014—2019年广州法院1—9月收案情况对比①

（三）物价上涨冲击市民生活质量

2019年1—9月，我国GDP增速6.0%，持续放缓。尽管广州2019年前两个季度的同比增长率分别为7.5%和7.1%，增速

---

① 数据和图表来自广州市中级人民法院2019年1—9月全市法院审判执行态势分析（http://www.gzcourt.gov.cn/sftj/ck475/2019/10/17161545743.html）。

有所回升，但受基本生活物资物价上涨等因素影响，经济形势对民生的冲击依然不小。

广州2019年城镇居民消费价格指数增长缓慢，而同期关系基本民生保障的食品烟酒价格增长近10%（见图4-3）①，白条猪出厂价则在10周内翻了一番（32—42周，见图4-4）②。食品价格的持续增长将影响到居民的生活水平，尤其是畜肉类价格的增长，对居民日常生活产生直接影响，进而造成当下生活水平与以前生活水平之间的落差，影响民众的获得感和幸福感，从而影响到社会稳定。

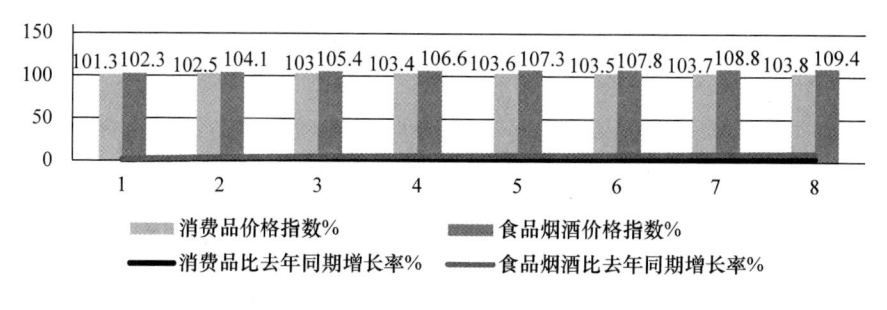

图4-3　2019年广州消费品价格指数情况

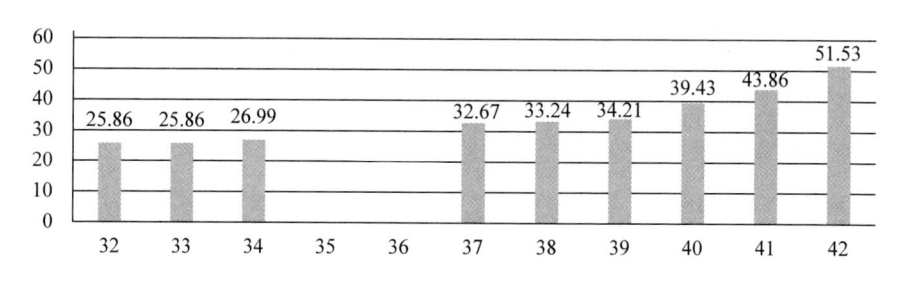

图4-4　广州白条肉出厂价格增长率（按周统计）(%)

物价持续上涨已经引发社会关注和不安。调查显示，尽管

---

① 数据来自广州市统计局网站，统计数据/宏观经济数据查询——年度报表栏目，课题组做了收集和整理。
② 数据来自广东省人民政府网站/政务公开/数据发布/民生数据栏目披露的数据，课题组进行了汇总整理（http：//www.gd.gov.cn/zwgk/sjfb/mssj/）。

群众对广州的经济社会发展和家庭经济状况有较强信心,但物价上涨等已经成为困扰市民的主要问题,高达86.7%的受访者认为物价上涨是目前最困扰的问题。女性社会稳定感下降的现象应该引起高度重视。

中国自古以来讲究施政"必先乎鳏寡孤独",这也是社会治理的底线。一是针对人口老龄化日益严重现象,全面放开养老服务市场,培育一批专业化、品牌化的养老服务项目和社会服务机构,扩展养老服务的形式和内容,鼓励"医养结合"等创新举措。二是鼓励、帮助残疾人组织资源从业或者开展个体经营活动,对于残疾人福利性组织和城乡残疾人个体劳动者,严格贯彻落实税收减免政策,并在生产、经营、技术、资金、物资、场地方面给予扶持。三是针对外来务工人员较为常见的劳动、医疗以及子女教育等问题,通过成立外来务工人员协会等方式,为其提供相关信息。四是加强法律宣传,维护外来务工人员的合法权益,在他们的合法权益受到侵犯时,通过法律援助等形式维权。广州应该通过法治规则和法治路径建设,明确社会治理各方的权利、义务关系,制定社会治理的基本规则和配套机制,强化政府对民生保障的兜底责任,消除社会治理空白领域,防止市场失灵。

二 治理体系承载能力不足的风险

治理体系和治理能力不足是社会稳定风险的重要源头。党的十八大以来,习近平总书记多次指出治理体系和治理能力现代化水平不足已经成为制约我国现代化的重要瓶颈。中国共产党的十九届四中全会将党的治理体系作为主题,充分反映党中央对治理问题的深刻理解。

对欧美国家社会运动的观察发现,近年来,欧美国家社会运动总量越来越大,但社会运动对社会秩序的破坏力却越来小，对政体本身的冲击力越来越弱。这一观察显示，国家将社会运动纳入体制轨道的能力越强，其社会运动演变成颠覆性激烈冲突的可能性就越低，社会运动对社会的破坏力、对政体本身的冲击力也越弱。①

亨廷顿在《变革社会中的政治秩序》一书中指出，社会稳定风险很大程度上源于社会变迁与制度供给之间的矛盾。变革社会中，社会变迁很快，制度供给能力不足将导致社会矛盾、冲突无法纳入既有解决渠道，使得社会稳定风险溢出，社会秩序乃至政治秩序失序（见图4-5）。② 从制度供给角度看，我国当前治理体系的司法渠道、行政执法都面临较为突出的矛盾承载能力不足风险。

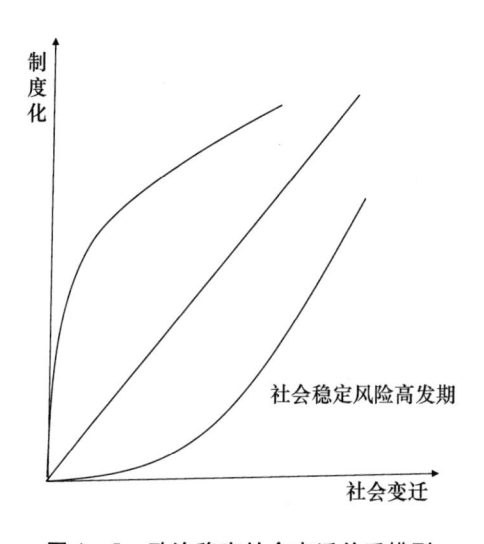

图4-5 政治稳定社会变迁关系模型

---

① 赵鼎新：《社会与政治运动讲义》，社会科学文献出版社2006年版，第4页。
② 本图来自赵鼎新《社会与政治运动讲义》第31页"亨廷顿的社会变迁和政治动乱之间的关系模型"。本文作者略有修改，与亨廷顿在《变化社会中的政治秩序》一书（中文版）第61页图1.1"政治制度化和政治参与"并不完全相同。亨廷顿主要是从政治制度完善（纵轴）和政治参与（横轴）的比率来分析政治（社会）稳定，指出"政治稳定依赖制度化和参与之间的比率"，赵鼎新的解读则更多考虑社会变迁因素。事实上，这种变迁不仅指政治参与，还包括社会发展阶段变化带来的经济、生活方式变化，因此，赵鼎新的分析更符合广州乃至中国的社会实际。

(一) 传统社会稳定治理模式面临转型压力

广州财政收入稳健为社会稳定治理投入提供了基础条件。2019年1—8月,广州市完成一般公共预算收入1133.90亿元,同比微增0.5%,比1—7月提高0.6个百分点,使得广州有能力加强社会治理投入。但仍应未雨绸缪,对社会稳定治理体系进行预先调整,通过向社会组织和企业进行政府采购缓解人力不足的问题,完善党委领导、政府负责、社会协同的综合治理结构。

社会稳定风险强度与社会治安管理投入能力成反比。对2011年伦敦骚乱和2005年巴黎骚乱的研究表明,骚乱发生的直接原因固然与种族冲突和黑帮有关,但深层原因则是经济下行导致政府福利支出和警察机构预算下降。社会福利保障降低,使得部分低收入人员铤而走险步入犯罪;财政紧缩政策削减警察机构的预算,造成警力不足,黑帮获得发展空间,最终导致大规模社会失序。

以经济高速增长化解、缓解社会矛盾,是我国社会风险治理的基本模式。改革开放以来,我国社会主要矛盾长期表现为人民日益增长的物质文化需要同落后的社会生产之间的矛盾。进入新时期,尽管社会主要矛盾已经转化为人民日益增长的美好生活需要和不平衡不充分的发展之间的矛盾,但总体的不均衡和局部的不充分仍然需要通过经济快速增长来解决。然而,经济不可能无限增长,社会矛盾的复杂程度却与日俱增。

政府对社会稳定的投入能力和管控机制是社会稳定风险管控能力的核心指标。"9·11"事件和"金融危机"之后,研究者发现美国政府对美国经济社会发展介入之深和管控风险能力之强,远超人们想象。[①] 随着中国经济进入新常态,国内生产总

---

① 美国政府制定各项风险管控政策时,强调必须把防止道德风险之类的问题列入评估。参见[美]戴维·莫斯《别无他法——作为终极风险管理者的政府》,何平译,人民出版社2014年版,第51—53页。

值增长率从2012年开始跌破8%，2015年开始跌破7%，意味着传统以经济高增长换社会治理空间的模式已经不可持续，经济增速下滑很可能对社会稳定的动态平衡和治理模式造成冲击。

广州在国内多项法治政府评估中获得第一名，固然说明其行政权力行使的规范性，但长期以此为导向不断加强权力规范，事实上强化了行政权力在治理体系中的地位。因为无论怎样加强监督和规范，行政权力对对象的单向管理功能仍然是自上而下的管理模式。对行政的高度关注，产生的是层出不穷的规范机制、监督机制、问责机制，却无法从根本上改善行政权力过大、管得过宽或过细对经济社会生活造成的干扰，以及由此导致的社会自我管理能力弱化。

尽管广州在政府和社会互动以及社会治理力量培育方面走在全国前列，但总体来看，仍然存在治理格局不合理问题。政府民生投入不断加大，群众获得感提升的边际效应却开始下滑。由于社会矛盾日趋复杂化，各大城市不断增加警力、城管力量和政府购买社会服务提升社会治理能力。但近年来的情况表明，在既有治理框架下，投入增加对提高治理能力的边际效应逐渐降低。

政府在城市治理中应该是秩序的支撑和维护者、治理体系运转的主导和主持角色，应该压缩事权，强化政府在社会治理中的统筹组织职能。随着中国将全面建成小康社会，社会主要矛盾已经发生改变，社会治理必须积极创新参与机制，引导广大人民群众有序参与，支持不同主体参与社会治理建设大局。

（二）司法渠道承载社会矛盾能力相对不足

司法等渠道的疏导能力是社会矛盾风险的重要指标。欧美国家的经验和我国改革开放以来法治建设的经验表明，社会矛盾只要能被纳入有效的法治渠道，就不会对社会秩序造成大的冲击。

为了切实解决人民群众反映的立案难问题，党的十八届四中全会提出，改革案件受理制度，变立案审查制为立案登记制。此后，各级法院立案数量飙升，基本实现将矛盾导入司法途径的目标。广州市中院公布的数据显示，司法渠道对社会矛盾的引流明显。2019年1—9月，全市法院新收各类案件470794件，办结352601件，同比分别增长43.12%、34.62%（见图4-6）；法官人均结案291.41件，同比增长26.28%；结案率为66.64%，同比上升1.02个百分点。新收各类案件中，民事案件277688件，同比增长61.09%，远高于刑事案件同期（4.02%），表明司法渠道在承载社会矛盾方面成效显著（见图4-7）。

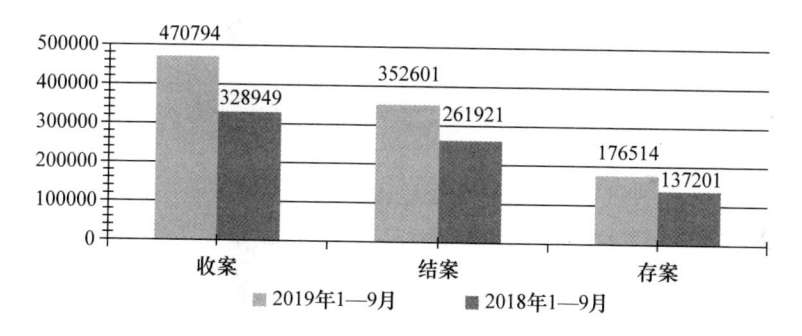

图4-6 广州法院1—9月案件收结存情况同期对比（件）

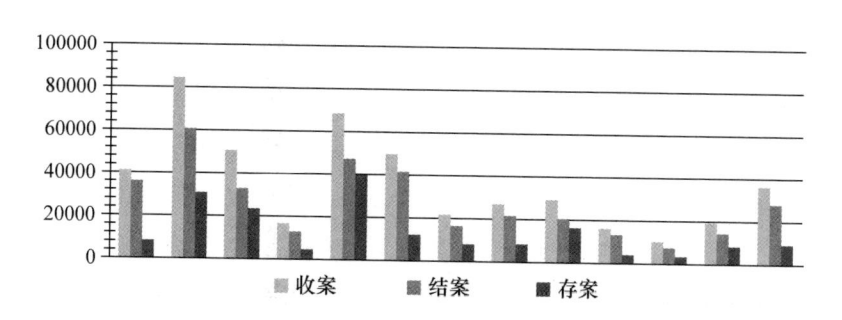

图4-7 各基层法院及广州市中院2019年1—9月案件收结存情况（件）

将案件导入司法渠道，需要司法机关进一步提升承接办理的能力。司法机关承接办理案件的能力与社会矛盾需求之间差距明显，积案情况严峻。2019年1—9月，全市法院结案同比增长34.62%，其中，市中院结案同比增长8.28%，基层法院结案同比增长38.44%，尽管提升明显，但与收案增速之间的差距明显（见图4-8）。截至9月30日，全市法院存案176514件，同比增长28.65%，达到近五年来同期最高值。①这表明，在未来相当长的一段时间，司法渠道对于社会风险的承载能力面临严重挑战。

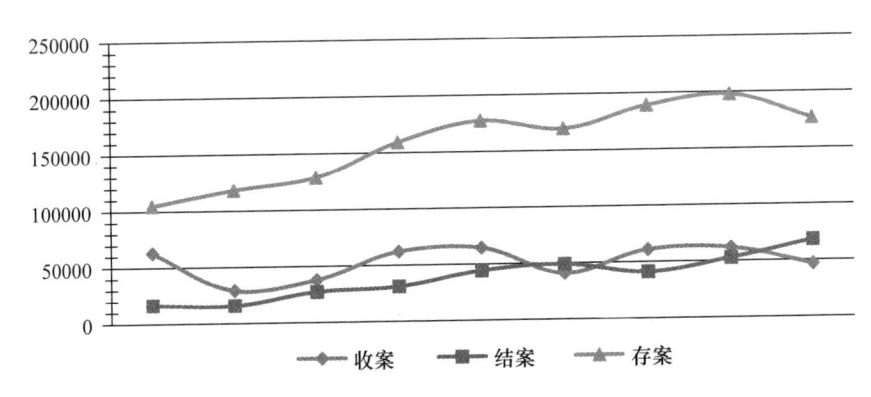

图4-8　广州法院2019年1—9月案件收结存走势（件）

三　黑恶势力干扰基层社会安定秩序的风险

基层黑恶势力对基层政治经济秩序的侵扰，尤其是它和"保护伞"互相勾结，觊觎基层治理权力，严重损害人民群众对美好生活秩序的期待，影响了基层政权的权威，破坏了国家长治久安的大局。

（一）黑恶势力侵蚀基层秩序

随着经济社会发展，黑恶势力也出现了一些新的特点。

---

① 以上司法数据和图表来源：广州市中级人民法院2019年1—9月全市法院审判执行态势分析（http://www.gzcourt.gov.cn/sftj/ck475/2019/10/17161545743.html）。

一是隐蔽性强。黑恶势力在身份和犯罪形式上改头换面，通过"网络贷"、网络游戏等形式给欺诈行为披上合法外衣。与早期带有明显暴力特征的杀人、伤害、抢劫、勒索、强奸等犯罪形式相比，随着经济社会发展，部分黑恶势力在形式上已经从帮派转变为公司、企业，在表面上取得了合法身份。组织头目从"台前亮相"转向"幕后操纵"，手段也从暴力方式转向以骗诱等"软暴力"为主，以金融创新、网络游戏等名目开展欺诈、赌博、高利贷等犯罪活动。黑恶势力以合法身份参与到社会治理中，给经济秩序和文化秩序造成很大风险。

二是破坏面广。黑恶势力向校园、社区、行业蔓延，破坏社会稳定，影响群众对党和国家的信心。与早期黑恶势力主要控制资源、劳动密集型行业，如采砂、建筑等相比，如今黑恶势力开始向校园、农村、社区、行业渗透，利用网络平台发展校园贷、现金贷、网络赌博、服务垄断等新型欺诈，并通过催债等"软暴力"手段损害群众利益，已经对党和国家在基层的治理格局形成挑战。

三是危害性大。黑恶势力通过收买"保护伞"实现官黑勾结，从谋求金钱向谋求政治权力发展，危害了基层政权稳定。从查处的情况看，几乎所有黑恶势力背后都有"保护伞"的影子，甚至部分黑恶势力本身就是贪腐官员的"白手套"。黑恶势力通过垄断行业渠道、不正当竞争、干扰经济秩序，攫取巨额非法利益；通过操控基层选举，操纵集体资产，打压群众意愿，甚至对抗政府监管。黑恶势力向政治领域渗透，严重损害党和政府权威，破坏了基层政权的管控能力。

（二）扫黑除恶工作形势

各地开展扫黑除恶工作遇到一些新问题，在组织领导机制和制度指引方面需要系统分析，全面统筹解决。

一是组织协调难度大。政法委作为党委的职能部门，统筹谋划、督导推动扫黑除恶专项斗争具有权威性和专业性突出的优势，但考虑到扫黑除恶专项斗争政治站位高、涉及领域广，需要协调的单位多，对齐抓共管和协同配合的要求高，组织统筹工作难度较大。

二是信息交流机制不完善。据观察，各地市扫黑除恶专项斗争领导小组包括30多个成员单位，工作信息交换量大，而且职权不同，掌握和获取信息的层级与范围也不同。如果仍然采取传统的信息报送交流方式，势必难以解决政治性、安全性、保密性和时效性之间的关系，影响扫黑除恶工作成效。

三是基层黑恶行为欺骗性强。大城市人口规模大，经济、人口结构复杂，黑恶势力生存缝隙多，容易造成治理空白。同时，广州地区砍杀斗殴等"硬暴力"情况不明显，黑恶行为"金融化"、犯罪手段"软暴力化"等特点则日趋凸显，深入开展扫黑除恶专项斗争的难度较大。

四是"一案三查"等重点环节配套制度亟待健全。在扫黑除恶专项斗争中，既要直接打击黑恶势力，又要通过深挖"保护伞"，打击黑恶势力生存的土壤，需要形成政法机关、纪检监察机关、行政执法机关高度协同的工作机制。"一案三查"不但涉及政法机关与纪检监察机关的协作，还涉及纪检监察机关与组织人事部门和其他政府部门的协作，应该尽快完善线索移送、反馈和信息通报等配套制度。

五是舆论监督压力大。对涉黑涉恶案件办理在事实证据、法律适用上是否站得住脚，对法律政策界限的把握是否准确等，一直是舆论关注的热点问题。群众关心的焦点是扫黑会不会"扩大化"，从"打黑"变成"黑打"。因此，各地应该率先加强对扫黑除恶工作的法治监督机制设计，提高扫黑除恶工作透明度，回应社会关切。

六是宣传普及难。由于现代社会黑恶势力发展隐蔽，市民对黑恶势力的存在认识不多，加之娱乐信息和自媒体发达，近年来市民对官方宣传渠道发布的信息关注度明显下降。因此，加强宣传教育，提高市民对扫黑除恶专项运动的了解，发动群众举报，存在一定难度。

（三）加强扫黑除恶，完善基层治理

2018年7月，中共中央办公厅、国务院办公厅印发《全国扫黑除恶专项斗争督导工作方案》，规定从7月开始在全国分三轮开展扫黑除恶专项斗争督导，每轮督导10个左右的省份。在《关于开展扫黑除恶专项斗争的通知》出台半年之际就开展中央督导，侧面反映了中央对基层安全形势的忧虑。

1. 需要解决的问题

第一，通过督导政治站位，压实责任，解决对扫黑除恶专项斗争重要意义认识不足、推进力度不够的问题。政治站位体现在对扫黑除恶专项斗争的认识高度、工作力度和投入程度。尽管《关于开展扫黑除恶专项斗争的通知》要求，各级党委和政府要将扫黑除恶专项斗争作为一项重大政治任务摆到工作全局突出位置，列入重要议事日程，但由于目前经济下行压力增大，扫黑除恶斗争专项运动涉及领域多、问题复杂程度高，担心大规模扫黑除恶影响本地投资环境和政商关系，部分地区在开展扫黑除恶专项斗争中过于谨慎，影响了工作力度。《全国扫黑除恶专项斗争督导工作方案》将政治站位纳入督导，压实了地方各级党政领导责任，对增强扫黑除恶工作力度、加大工作投入有积极的促进作用。

第二，通过督导制度机制建设，解决跨部门协作机制不健全的问题。扫黑除恶专项斗争既要求"各部门各司其职、齐抓共管"，又要"把扫黑除恶与反腐败斗争和基层'拍蝇'结合起来，深挖黑恶势力'保护伞'"。与以往的"打黑"专项斗争相比，此次参与部门更多，协作要求更高，打击力度更大，涉及范围更广。以"一案三查"为例，同一问题可能需要公安、

民政、纪检等多个部门同时跟进、高度协同，在制度机制上缺少先例可循，影响了扫黑除恶专项斗争的工作进度。中央通过督导的方式，基于《全国扫黑除恶专项斗争督导工作方案》明确工作内容，以督导指引工作思路，尤其是通过下沉到县乡村督导具体案件，为地方开展工作提供范本。

第三，通过督导扫黑除恶斗争的法治路线，回应社会关切，解决开展工作缩手缩脚的问题。在全国大规模开展扫黑除恶专项斗争，舆论担心"扫黑"会脱离法治轨道，变成"黑打"。在当前从严治吏的背景下，舆论压力容易转变成工作压力，加之涉及领域广、工作情况复杂，造成相关工作人员在推动扫黑除恶专项斗争时不敢作为。为此，最高检、最高法接连出台制度指引，《全国扫黑除恶专项斗争督导工作方案》将专项斗争的法治化作为重点督导内容，这对加强扫黑除恶专项斗争法治化、规范化的水平，凝聚全社会对扫黑除恶的共识有重要意义。

2. 如何更好推进社会治理

习近平总书记在上海考察时指出，城市治理是推进国家治理体系和治理能力现代化的重要内容。城市管控社会稳定风险的能力，不仅是城市长治久安的基础条件，也是城市竞争力和形象的重要标志。各类社会安全事件不仅直接损害市民生命财产安全，还会冲击市民对生产生活环境安全的信心，破坏发展的安定大局。大城市经济人口规模大，经济结构复杂，外来人口数量多，社会治理成本高、难度大，加之仍处于产业转型期，社会稳定风险易发高发。加强社会稳定风险管控，有利于维护社会秩序安定，提升群众获得感、幸福感、安全感。

第一，加强党的全面领导，优化社会治理格局。一是成立共建共治共享社会治理领导小组，加强党委对营造共建共治共享社会治理格局的全面领导，保证社会治理改革令行禁止，全市一盘棋，促进治理主体平等对话。二是加强党委对营造共建共治共享社会治理格局的统筹规划，形成党委领导、法治先行、人大监督、政府负责、社会参与的治理格局。

第二，积极开展地方立法，健全社会治理法治路径。一是积极运用地方立法权，破解广州当前开展共建共治共享社会治理格局面临的主要问题，清理过时规章制度，推进社会治理在路径建设、财政支持、社会公益、收入分配制度、社会保障制度等方面的法治化保障。二是通过立法完善社会治理的平台建设，构建政府和社会对话、合作机制，协调政府和社会治理分工，规范政府采购公共服务的领域，强化社会治理的法治评估。三是进行慈善资金募集和使用立法，引导社会慈善力量对社会组织的支持，通过立法为市场主体和各种社会力量创造发挥作用的更多机会。

第三，推动治理重心下移，加强社区治理体系建设。一是改革政府编制设置，整合社会治理部门，将编制向街道一级倾斜，强化市、区两级社会治理部门的指导功能，加强基层的机构、人员、资金配置，确实做到财随事转，职能和人员相匹配。二是加强政府采购，扶持社会组织投入社会治理，加强政府、社会组织和服务对象的沟通，不断建立和完善各项管理制度，实施项目绩效跟踪，健全评估机制和责任追究机制，促进购买服务工作健康发展。三是出台鼓励政策，引导社会公益资金、力量参与社会公益奖励和基层社会治理资助。

第四，创新基层党建内容，引领社会治理风向。一是创新基层党建形式，明确要求党员参与社区社会治理活动，带动社会风气；加强基层党建中参与社会治理的内容，设计考评办法，开展街道、社区党组织以及其他基层党组织同基层服务组织平台的共建互动，使基层党组织深入社会治理的各个方面，承担社会治理共建共治共享的领导责任。二是加强基层党组织建设，鼓励新经济组织、新社会组织和外来流动党员建立基层党支部，对"两新组织"和流动党员党支部的组织生活予以支持，使社会领域的基层党组织有机会参与到社会治理的共建共治共享。

三是保障基层党组织参与社会治理的条件，出台党建经费规范化管理规定，通过党费的项目化规范管理，解决党支部活动经费不足、使用不便的现象，确保党建活动有效开展。

第五，规范社会组织建设，积极扶持社会主体参与治理。一是规范社会组织注册，保证将社会组织参与社会治理纳入依法治市的整体设计。二是加强社会组织监管，建立社会组织运营项目和资金使用信息公开办法，通过宽进严管实现适合组织参与社会治理的规范化；推动社会组织注册、日常运营和资金使用的规范，以制度推动社会组织人员、资金、项目等关键信息公开，定期进行社会组织规范化排行，为政府采购和社会捐助提供参考。三是建立惩戒、退出制度，约束社会组织行为。

四 新冠肺炎疫情对广州社会稳定治理的影响

2020年的新冠肺炎疫情对世界各国社会生活和治理模式造成极大冲击，引发国人对社会治理的反思。习近平总书记在2020年2月3日召开的中央政治局常务委员会会议上指出，这次疫情是对我国治理体系和能力的一次大考。疫情也给广州带来巨大的社会风险，深刻认识疫情不同阶段的影响，对开展常态化治理具有重要意义。

（一）疫情前期：风险以疫情快速扩散为主

新冠肺炎病毒与"非典"有很多相似之处，回顾"非典"影响对认识和评估本次疫情风险有重要价值。

"非典"疫情2002年年底于广东暴发，持续时间约8个月，大体分为三个阶段。2002年11月至2003年1月为发展期，疫情主要在广东省内传播；2003年2—4月为扩散期，疫情扩散至全国和世界其他地区；5—6月为控制期，疫情逐步得到控制并消除风险。

第四章 影响广州社会稳定的风险因素

2020年2月处于本次疫情第二阶段，即快速扩散期。从感染人数增长曲线看，目前疫情仍在爬坡。新增确诊病例数上升，同时新增疑似病例数下降，说明目前管控机制已经初步见效（见图4-9）。在全国范围内暂缓开工是中央根据疫情防控主要矛盾做出的果断决策，是非常时期应对疫情上升的非常之举。延缓开工，一方面为隔离病毒传播赢得了时间，2月中下旬开始，全国感染确诊病例逐渐下降，尽管"拐点"言之尚早，但遏制了疫情上升势头；另一方面，也对社会经济发展造成较大压力。

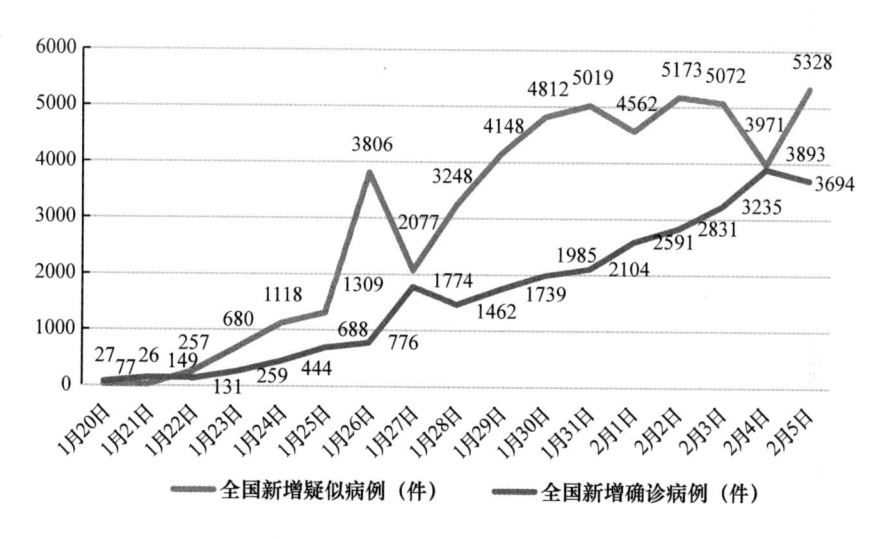

图4-9 全国新增病例情况（截至2020年2月5日）

数据来源：国家疾控中心网站（未公布1月湖北确诊病例数据）。

尽管武汉等多地封城对切断传染链条有重要意义，但人员流动带来的传染风险仍不可低估。2003年广州"非典"疫情就是患者来广州就医造成医务人员感染引发的，病毒经香港传入北京，北京的感染人数远多于广东，因此不能因为广州远离武汉就掉以轻心。

短期内，广州疫情上升风险主要来自两方面。一是广州面临到外地过节人员回流、过境可能输入疫情。腾讯位置大数据显示，进入 2 月，广州站等交通枢纽客流量持续攀升，受人口回流和去往珠三角其他地区人员过境的影响，短期内广州感染人数很可能快速上升。二是节后生产生活逐渐恢复，人口聚集可能引发新一轮传染风险（见图 4-10）。

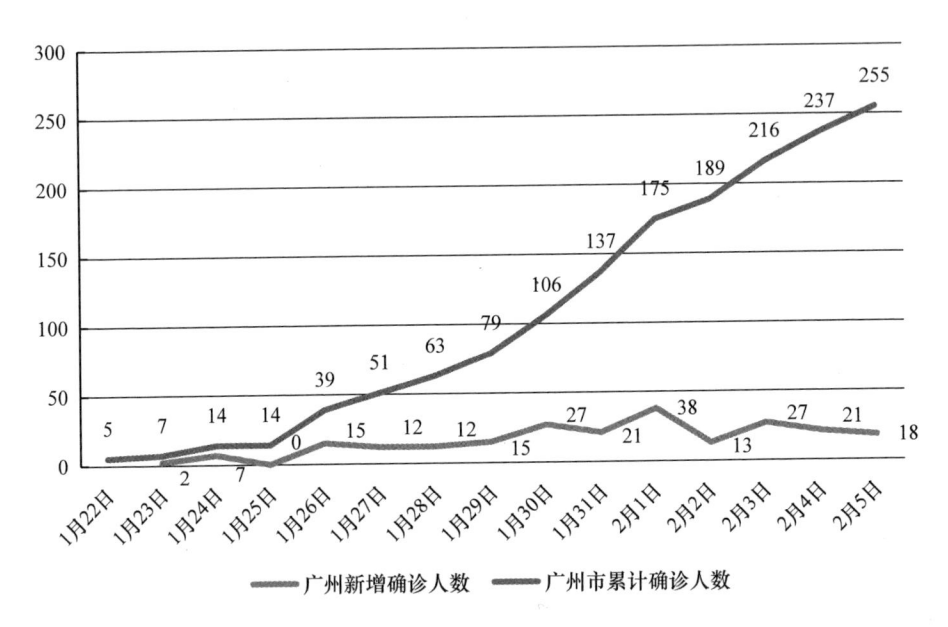

图 4-10　广州市新冠肺炎感染情况（截至 2020 年 2 月 5 日）
数据来源：广州市疾控中心网站。

广州疫情持续时间仍难以精确预料，影响因素有三个。一是国内其他地区疫情控制情况，决定了广州疫情输入风险程度。二是广州本地疫情发展，新冠病毒潜伏期约为 14 天，即本地疫情基本控制时间至少要在病例明显下降 14 天之后。三是病毒变异风险，目前各地陆续出现无症状感染等新情况，如果发生病毒变异，加之节后广州天气潮湿，很可能出现疫情反复情况。

同时，高度警惕疫情引发政治风险。"非典"期间，由于瞒报疫情酿成公共卫生危机，时任卫生部长张文康、北京市长孟学农被免职，随着疫情得到控制，社会情绪才逐渐平复。此次疫情期间，武汉、黄冈等地部分政府部门和官员在疫情初期应对失措，引发本轮舆情风险。

疫情造成的社会不满情绪"堰塞湖"影响政治安全和社会稳定。春节长假期间，疫情引发的紧张情绪经社交媒体传播发酵不断升级，负面情绪持续积累，各地政府部门在疫情处置中的失误成为负面情绪的宣泄对象。社会不满与疫情升级形成共振效应，少数过激者甚至煽动社会对立，恶意攻击国家制度与党和国家领导人。

广州是岭南文化中心，民间舆论活跃，加之与港澳临近，必须严防舆情引发政治风险。一是加强疫情防治效率，提高疑似病例隔离和救治反应速度，避免疫情防治疏漏引发社会争议。二是加强政府防疫行为和政府工作人员言行合法性与合理性，避免行政管理行为引发社会对立。三是加强疫情信息公开和解释，及时公布疫情，加强专家解读和防疫知识宣传，缓解社会不安情绪。四是加强公共卫生和居民基本生活物资供应，防止物资短缺引发社会恐慌。五是加强舆情监控，及时处置短时间出现大量异常舆论的情况，包括社交媒体对国家制度、领导人的负面言论，涉港独、台独言论，以及针对某些地区、人员谩骂的不当言论。六是加强社会治安管控，从重从快打击疫情期间破坏公共设施和扰乱社会秩序的行为。

新冠肺炎疫情对宏观经济造成的风险预料将高于"非典"。"非典"疫情发生时，中国经济处于提速阶段，其对中国经济快速发展趋势影响有限。2002—2006年，中国实际GDP分别同比增长9.13%、10.04%、10.11%、11.4%、12.72%。自2011年GDP增速再次跌破10%以来，中国经济进入新常态，增速步入下行通道，经济增长对内需依赖提高，疫情可能加大经济下行压力（见图4-11）。

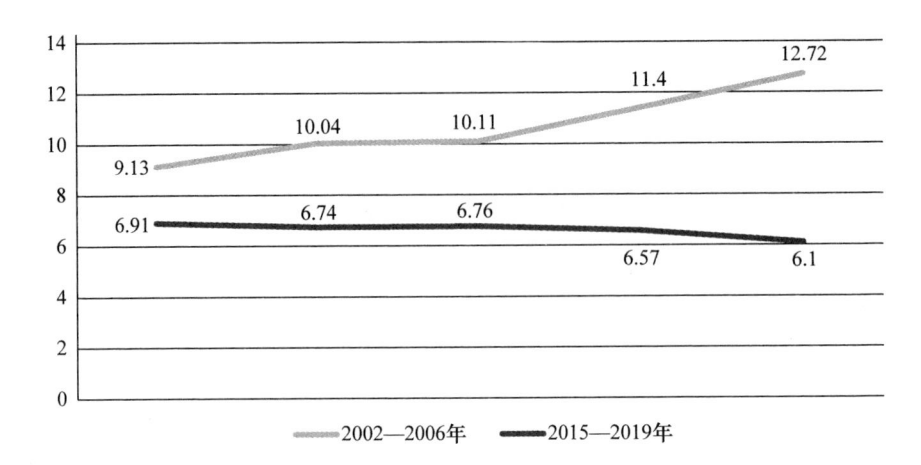

图 4-11　SARS 疫情前后中国经济增速（%）

数据来源：国家统计局网站。

第三产业受疫情冲击最大。受"非典"影响，2003 年第二季度国内生产总值中第三产业增长仅为 0.8%，零售、旅游、餐饮、住宿、交通运输等行业效益下滑明显。广州当年第二、三季度第三产业连续两季增幅均为 10.2%，比第一季度下滑 3.3 个百分点，全年同比增长 11%，大幅落后 GDP 全年 15% 的增速，旅游业负增长，总收入同比减少 9.9%。

本次疫情对广州经济增长影响可能超过"非典"。一是本次疫情较"非典"扩散早，对春节长假期间消费抑制明显。二是受春节假期延长和延迟开工影响，企业第一季度生产经营时间缩短。三是当前第三产业对广州经济增长的贡献远远超过 2003 年（见图 4-12），放大疫情对经济的影响。2019 年第三季度统计数字显示，第三产业无论比重还是增速都远远超过 2003 年，占 GDP 比重从 53.85% 上升到 71.43%，增速从落后 GDP 3.2 个百分点提升到领先 GDP 1 个百分点（见图 4-13）。因此，疫情对第三产业的影响将对广州经济造成更大压力。

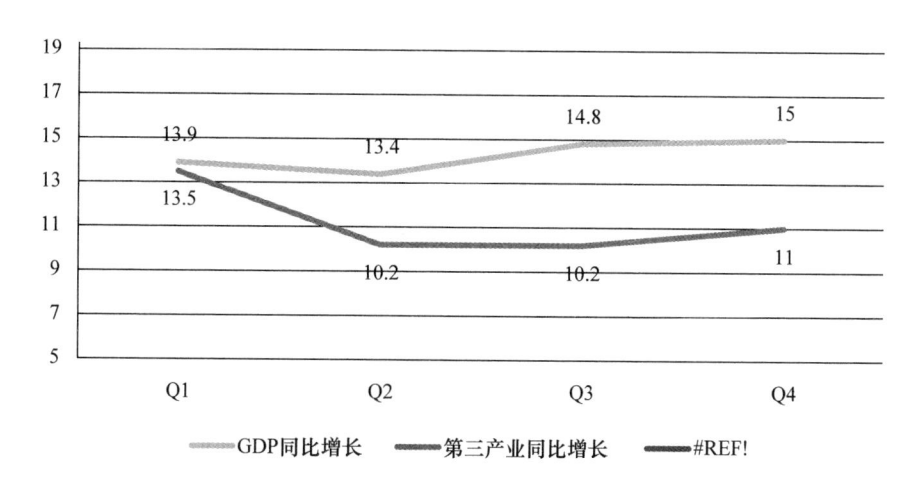

图 4-12 2003 年广州市 GDP 和第三产业增长（%）

数据来源：广州市统计局网站提供的广州市历年统计年鉴。

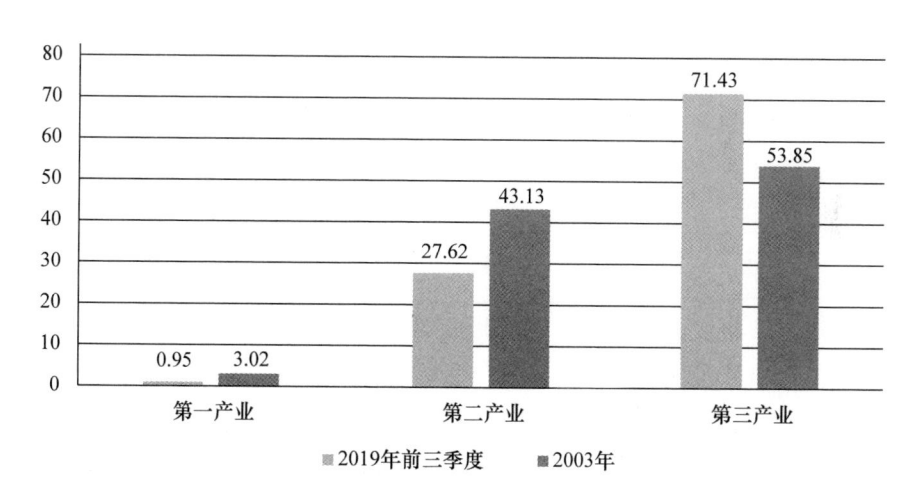

图 4-13 广州 2019 年（前三季度）和 2003 年产业比重对比（%）

数据来源：2019 年数据根据广州市统计局公布数字测算，2003 年数据来自广州市统计局上传的 2004 年广州统计年鉴。

政府应该尽快评估疫情对企业的影响，主动完善制度机制，化解疫情造成的系统性风险，改善营商环境。一是定向补贴抗疫企业，对口罩、防护服、消毒药品等受当前需求放大扩产的企业给予生产补贴。二是搭建协商平台，推动企业与银行、房东、员工代表的沟通，降低贷款、租金、薪酬造成的企业经营压力。三是法院加强对疫情引发违约争议的指引，对疫情造成的劳动争议、租赁合同纠纷和商事合同纠纷，加大调解力度，维护经济秩序。

（二）疫情中后期：以就业等社会问题为主的风险

进入疫情后期，本地疫情传播风险降低，主要风险从疫情传播转移到经济社会领域，并形成叠加效应，增加了广州社会稳定风险治理的不确定性。

1. 疫情全球大流行，境外输入成为主要风险

随着国内新冠肺炎疫情得到控制，境外输入传染成为新阶段中国疫情的主要来源。3月11日，世界卫生组织宣布新冠肺炎疫情已经"具有大流行特征"，意大利成为中国以外累计确诊病例最多的国家，西班牙、德国、法国感染人数快速增长，欧洲已成为世界新冠肺炎疫情中心，累计感染人数接近四万人。进入3月，境外已经成为我国新增新冠肺炎疫情主要风险源。3月5—15日，湖北以外全国新增确诊病例117人中，113名系由境外输入，本土新增病例仅4例（见图4-14）。

城市国际交通水平已经成为疫情输入风险的重要指标，广州面临较大压力。我国累计从境外输入新冠肺炎确诊病例123人（截至3月15日），除甘肃42例主要是从伊朗包机集中输入外，北京31例，上海16例，是受境外输入疫情影响最大的两座城市，说明城市国际化水平，尤其是国际交通便利程度与疫情输入风险有较大关系（见图4-15）。广州白云机场旅客吞吐量紧随上海浦东机场位居全国第三（见表4-2），超过香港启德机场成为粤港澳大湾区旅客吞吐量最大的机场，国际旅客年吞吐量近两千万，国际通航点94个。国内发现的多例境外输入确诊病例都曾在白云机场停留，疫情输入风险较高。

第四章　影响广州社会稳定的风险因素　69

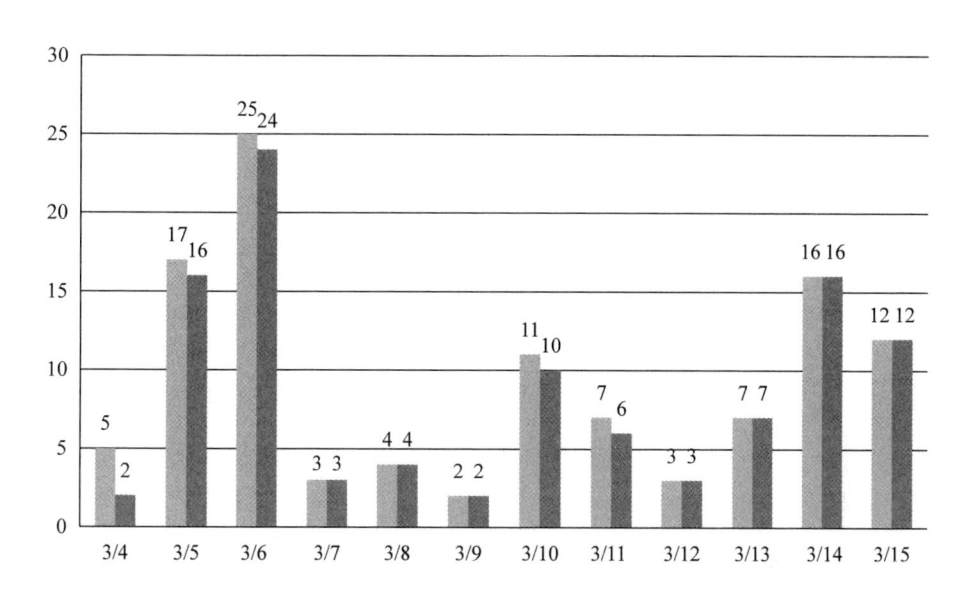

图 4-14　湖北以外中国新增确诊和新增境外输入病例（2020 年 3 月 5—15 日）
数据来源：中国疾控中心。

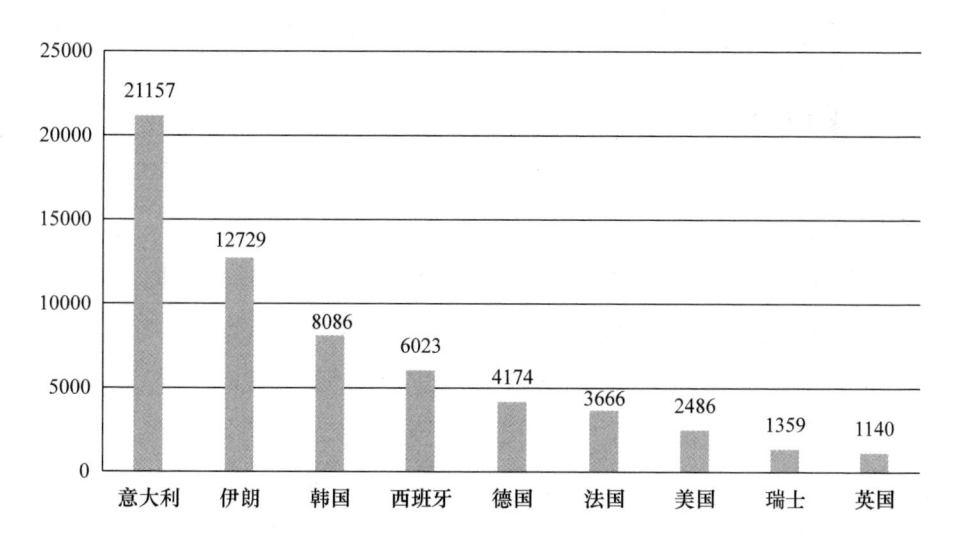

图 4-15　截至 2020 年 3 月 14 日中国境外累计新冠肺炎确诊人数过千的国家和地区
数据来源：约翰·霍普金斯大学。

表 4-2　　　　　　　2019 年国内机场运量排名前三位

机场	名次	2019 年旅客吞吐量（人）
北京/首都	1	100013642
上海/浦东	2	76153455
广州/白云	3	73378475

复工复产迟缓，广州经济增长面临压力。广州社会活跃度上升缓慢，显示复工复产仍然任重道远，经济发展压力较大。百度地图"城内出行强度"数据显示，从 2 月 3 日至 3 月 9 日，连续六个星期广州、上海、深圳、杭州四城社会活跃度持续上升，但广州的上升速度最慢。用 3 月 9 日（星期一）"城内出行强度"对比去年农历同期，其他三城均达到 80% 以上，广州仅为 76.82%，说明广州经济社会活跃度恢复较慢（见表 4-3）。北京大学国家发展研究院的调查也认为，江浙沪和深圳是复工复产做得最好的地区，与我们的判断接近[①]。恢复速度与产业结构有较大关系，四城中，广州和上海恢复速度较慢，是由于第三产业比例最高，服务业在产业链条中所处位置相对靠后。两地中，上海金融产业占比较高，辐射能力超过广州，因此恢复速度高于广州。

对此，广州应该高度警惕经济恢复缓慢带来的风险。一是企业经营风险，经济活跃度提升缓慢，中小企业复工难复产，经济空转，加大企业生存压力。二是产业政策风险，经济循环能力不足会降低政府扶持政策的传导效率，恢复周期越长，产业政策效果越差，扶持难度就越大。三是城市发展风险，尽管疫情造成重大损失，但根据经验，疫情之后会有一轮"补偿性"增长，但恢复快的城市才有可能在新一轮增长中得到机会。

[①] 姚洋：《从战"疫"看现代化治理体系》，澎湃新闻网 2020 年 3 月 23 日。

表4-3　　广州与上海、深圳、杭州社会活跃度恢复情况比较

城内出行强度	广州	上海	深圳	杭州
第三产业占比	71.62%	72.7%	60.9%	62.2%
3月9日（出行强度）	3.48	4.86	3.78	5.06
农历去年同期（出行强度）	4.53	6.03	4.51	5.90
恢复程度	76.82%	80.60%	83.81%	85.76%

注：恢复程度＝3月9日城内出行强度/农历去年同期日城内出行强度（来源：百度地图，各地统计局网站）。

2. 群众容忍度下降，政府治理风险上升

疫情期间，国内连续发生多起政府政策引发的重大舆情，显示疫情和复工积累的社会心理压力与不满情绪缺乏释放途径，已经成为地方治理的重要风险因素。复旦大学和澎湃新闻所做的调查显示，疫情引发社会普遍不安，受访者中表现出焦虑情绪的比例超过一半（澎湃新闻调查为66.9%，复旦大学为55.3%，见图4-16）。调查显示，疫情加剧了群众对经济形势和个人发展的担心，对政府政策的期待和敏感程度进一步上升，并使群众对政府行为的容忍度降低，公共政策、行政执法行为乃至官员言行都可能成为舆论批评的对象（见图4-17）。这也对各地出台疫情防控措施提出新的要求，必须充分听取群众意见，考虑社会心理情况，增强政策温度。

广州疫情后期治理面临疫情防控、复工复产、中小企业生存、群众心理修复、疫情全球化冲击对外贸易等多重风险叠加，舆情敏感要素丰富。一是疫情局部反弹隔离防疫引起居民或小企业主对抗执法的风险。尽管广州疫情已经基本得到控制，但不排除出现局部反弹情况，全面复工后，隔离成本大幅上升，隔离管理措施很难得到居民和中小企业主的配合。二是中小企业复工与行政管理冲突的风险。受成本压力影响，中小企业复工复产初期在疫情防控、安全生产各方面投入能力下降，执法

部门出于防控风险的需要加强管理，尤其在中小企业聚集的区域，较易引发集体对抗风险。三是行政执法引发街头对抗的风险。疫情后期，受中小企业复产进度缓慢影响，大量人员将流向搭客仔、跑腿、外卖小哥等非正式就业岗位，大量使用不合规车辆，将给街头执法造成较大压力。其风险承受能力低，容易对抗执法，引发群体性事件。

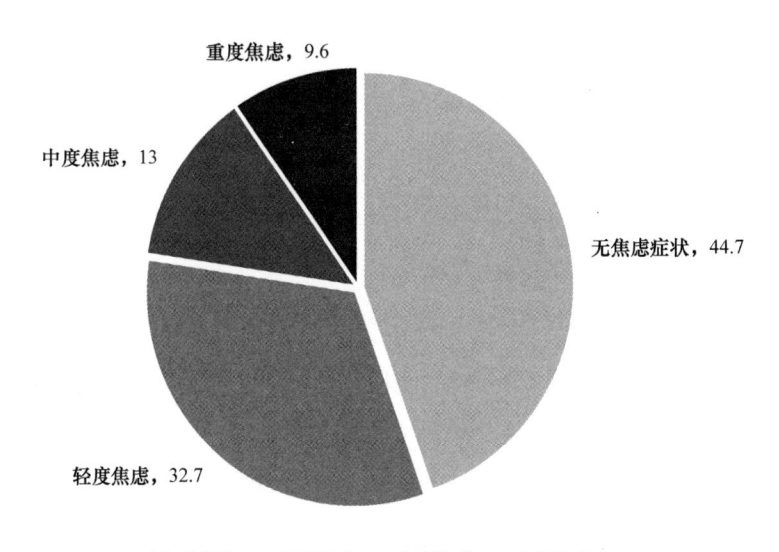

图 4-16 疫情期间焦虑症状发生比例（%）

来自：复旦大学健康传播研究所。

重度焦虑，9.6
中度焦虑，13
轻度焦虑，32.7
无焦虑症状，44.7

社交媒体取代传统媒体成为疫情期间人们的主要信息来源，客观上加剧了社会恐慌。社交媒体的信息传播和舆论引导功能分化明显，微博的公共号召功能更突出，微信的行动组织能力更强。微博在引领公共话题上功能突出，成为讨论议题、发起公共活动的主要平台。微信更侧重私人之间的信息传递，即使侧重公共传播的微信公众号，也以单方面的信息传递为主。公共活动的组织上，二者有明显的互补功能，即通过微博引发公共关注、讨论和参与，通过微信群协调具体行动。针对社交媒体已经成为群众获取信息主要渠道的情况，政府应该提高对社

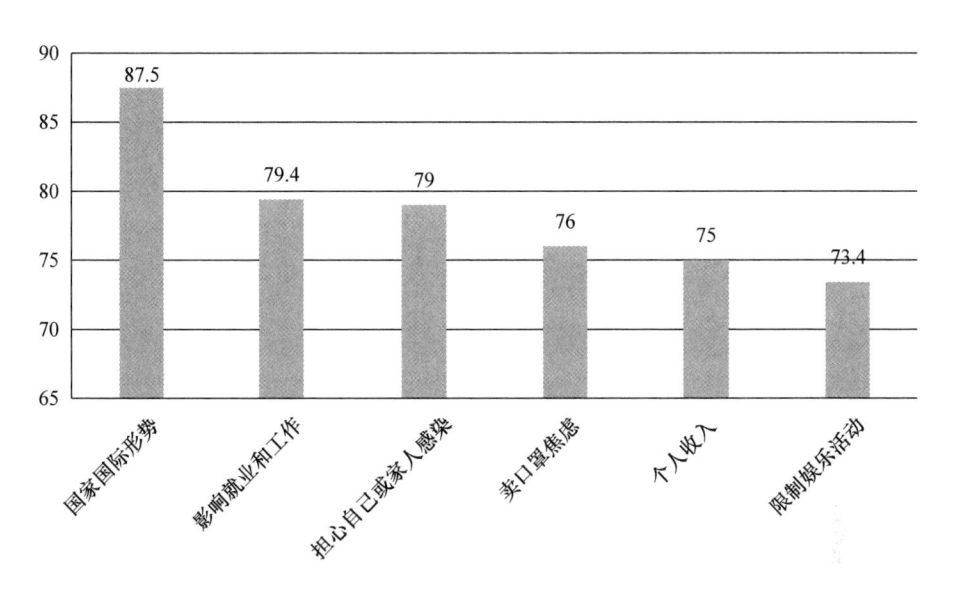

第四章　影响广州社会稳定的风险因素

图表数据（条形图）：
- 国家国际形势：87.5
- 影响就业和工作：79.4
- 担心自己或家人感染：79
- 买口罩焦虑：76
- 个人收入：75
- 限制娱乐活动：73.4

图4-17　焦虑症状来源调查（%）

来源：复旦大学健康传播研究所。

交媒体的运用能力，善于了解民意，回应民情，积极组织资源加强内容生产，提高舆论引导能力。

短期大量人口流入，社会治理复杂性升高。百度地区人口迁徙大数据显示，截至2020年3月11日，广州连续20多天迁入人口超过全国迁徙人口的3%以上，是全国最热门人口迁入城市。短时间内大量人口流入与经济恢复速度较慢之间的矛盾，给广州社会治理带来压力。节后来穗人口主要有两部分。一是节前就在广州工作生活返乡过年人员，多数在广州有固定住处和工作岗位。二是初次来穗找工作的人员。农村和三、四线城市受疫情影响较大，加之本次疫情进一步证明中心城市在经济韧性、公共服务方面的优势，吸引大批剩余劳动力进入广州，希望留在广州工作，或者通过广州进入珠三角其他地区。

人口流入将给广州社会治理带来新的压力。一是民生保障风险。广州零售、餐饮、住宿行业复工缓慢，相关产业从业人员数量大。调查显示，企业普遍采取裁员、降薪等方式缓解压力，从业者生活压力增大。二是企业倒闭引发群体性维权风险。

国内疫情停工刚结束，国际疫情接着暴发，对企业生存造成较大压力，一旦发生因企业停产造成规模性失业，很可能出现从业人员的过激行为。三是城市游民风险。尽管短期受疫情影响出现"用工荒"现象，但整体来看，城市就业压力可能超过2019年，因此可能形成新的城市游民，给社会治安带来不确定因素。

随着新冠肺炎疫情在世界范围内持续升级，欧美各国陆续"封城"，美国股市十天内四次熔断表明全球经济停摆甚至衰退的可能性增大，疫情蔓延已经造成全球恐慌。

疫情周期错峰对中国加强风险应对、推进经济社会发展、支持全球疫情治理，既是压力也是机遇。习近平总书记指出，要统筹推进新冠肺炎疫情防控和经济社会发展工作，善于化危为机。疫情周期错峰的"危"在于，中国需要同时承担国内疫情后期与国际疫情高峰的叠加期效应，增加了疫情治理和恢复生产生活秩序的复杂性；"机"在于，中国已经形成有效的疫情防控机制，经济社会活力逐步恢复，为强化"六稳"赢得了时间，为保持世界经济引擎活力，支援其他国家和地区疫情防控创造了条件。

中国尽快实现"六稳"，提振经济社会活力，对支持全球疫情治理、化解经济风险具有重要意义。中国成功控制并逐步消灭疫情的事实说明，本次疫情是可以控制的，这对稳定全球信心起到"压舱石"的作用。中国的防控经验对各国制定防控政策也有丰富的参考价值。快速恢复的中国经济对全球防疫物资供应和保持产业链活跃度，降低全球经济衰退风险，发挥了积极作用。

统筹推进疫情防控和经济社会发展必须以防范疫情规模性反弹为底线，把提升经济社会活力作为中心工作。巩固疫情防控成果是"六稳"的前提，也是中国承担全球疫情防控的核心任务。国内疫情已经进入稳定期，疫情防控工作重心已经从隔离传染减少病例转向在防范疫情规模性反弹基础上，加强疫情防控对恢复经济社会秩序的服务功能。因此，各地要不断改善防控举措精准性，既要防止防控过度干扰经济社会秩序的倾向，也要避免轻言胜利放弃防控的倾向。

第五章　重大利益冲突引发的社会稳定风险

城市发展中，因重大利益冲突引发社会稳定风险的隐患长期存在，劳资关系、征地拆迁和环境污染成为城市中引发利益冲突较为常见的原因。当上述冲突牵涉利益较大时，往往涉及人数众多，容易引发集体诉讼或群体性事件，在当前社会稳定风险的识别与管控中需要予以高度重视。值得注意的是，上述利益冲突引发的社会稳定风险呈现为动态趋势，在不同阶段具有不同表现形式，需要予以长期关注并且持续跟踪。只有在此基础上形成动态应对预案，才能有助于避免相关社会稳定风险的聚集和扩大。

从诉讼数据看，广州因劳资纠纷引发的劳动争议案件数量持续高位运行，因经济增速回落对劳动密集型企业的劳动纠纷影响将长期存在。随着非正式就业数量大幅上升，新的就业形势对传统的劳动保障制度提出的挑战很可能成为劳资关系的薄弱环节，总体风险形势值得高度关注。

征地拆迁涉及的对象一般人数较多，牵涉利益相对较大，极其容易引发一定规模的上访活动，成为群体性事件的高发领域。随着广州近年来城市更新加速，征地拆迁项目数量多、体量大，尤其是一些中心区域的城中村拆迁已经引发国内外媒体的关注，成为城市发展的标志性事件。

随着人们环保意识的觉醒，对于政府和公共组织的环境保护要求不断提升。当前，广州因环境污染引发的利益冲突，一方面表现在受害者和行为人之间，另一方面体现在受害者和环境管理者之间。在城中村改造、重要项目和垃圾焚烧厂等建设中，因环境污染带来的潜在不稳定因素主要体现在人民群众对政府和公共部门履行环保责任的质疑。

一 劳资纠纷引发的社会稳定风险

劳资纠纷是指劳动者和用人单位之间因执行劳动法律、法规和履行劳动合同而发生的纠纷。引发劳资纠纷的原因主要包括确认劳动关系，劳动合同的签订、履行、变更、终止和解除，工作时间、休息、社会保险、福利和劳动保护，工资、工伤医疗费、误工费和赔偿金等。劳资纠纷发生在劳动者和用人单位之间，由于劳动者往往处于弱势地位，即使争议标的数额不大，仍然可能因为关乎社会公平、人权人道的讨论而对社会稳定产生影响。由于劳资纠纷的发生往往具有普遍性，容易引发群体性事件和集体劳动诉讼，当劳资纠纷聚集之后，无论是集体诉讼、集会、罢工或者群体性事件，都有可能引发大规模的社会稳定风险。在劳资纠纷中，个体劳动争议和群体性劳动争议案件是社会稳定风险中需要予以高度重视的内容。

（一）个体劳动争议

广州的劳资纠纷制度化解能力相对较强。由于各级部门在劳动调解、仲裁以及诉讼中对劳动者的实体和程序权利保护都具有一定程度倾斜，当前劳资纠纷导入常规化、制度化解决的概率相对较高。对于已经进入制度化解决的劳资纠纷，目前维护社会稳定的工作重点应该着眼于从根本上化解已有纠纷的形成原因，营造良好的劳资关系，长远消除个体劳资纠纷引发的社会稳定风险。

从 2006 年开始，广州法院受理劳动争议案件数量整体呈上升趋势。2008 年我国《劳动合同法》和《劳动争议调解仲裁法》颁布施行，当年的劳动争议案件数量大幅上升，此后广州的劳动争议案件数量整体处于高位（见图 5-1）。近年来，广州劳动争议案件数量增长相对稳定，增长速度和幅度均明显趋缓；在民事案件整体数量大幅上升的情况下，劳动争议[①]在全部民事案件中所占比例在 2013 年后明显下降，2016 年劳动争议案件在全部民事案件中所占比例基本相当于 2008 年以前的水平，2017 年劳动争议案件数量在全部民事案件中所占比例最低（见图 5-2）。

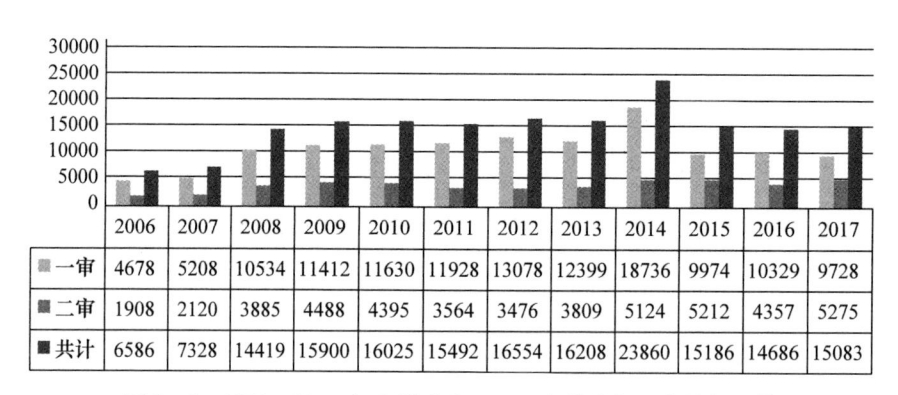

	2006	2007	2008	2009	2010	2011	2012	2013	2014	2015	2016	2017
一审	4678	5208	10534	11412	11630	11928	13078	12399	18736	9974	10329	9728
二审	1908	2120	3885	4488	4395	3564	3476	3809	5124	5212	4357	5275
共计	6586	7328	14419	15900	16025	15492	16554	16208	23860	15186	14686	15083

图 5-1 2008—2017 年广州法院一、二审劳动争议案件数量[②]

针对劳动争议案件，广州积极创新劳动争议调处机制，通过延伸人民法院的司法审判职能，联合仲裁机构、人民调解委员会与工会建立了十余家诉调对接工作室，提高了劳动争议案件的调解率。同时，进一步统一审裁尺度，实现绝大部分劳动争议案件无须完全经过"一裁两审"程序即可得到妥善解决。

---

① 劳动争议一审案件。
② 《广州劳动争议白皮书（2014—2016 年）》，（http：//www.gzcourt.gov.cn/xwzx/bps/2017/05/12101750325.html）；广州市中级人民法院：《广州中院劳动争议白皮书（2018 年）》，（http：//www.gzcourt.gov.cn/xwzx/bps/2018/12/06103216935.html）。

经过多年的努力和建设，2017 年，广州调解仲裁劳动争议的数量和人数首次出现"双下降"趋势，通过创新争议调处机制化解社会稳定风险的方式，值得广泛关注，并且尝试在其他社会稳定风险领域予以推广（见表 5-1）。

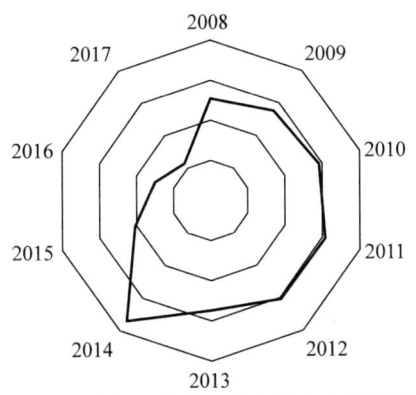

图 5-2　劳动争议案件占全部民事案件的比例①

表 5-1　　　广州劳动争议案件调解仲裁情况（2017 年）②

	受理案件数（件）			涉及人数		
	2016 年	2017 年	同比（%）	2016 年	2017 年	同比（%）
调解	21143	19089	-9.71	57289	52224	-8.84
仲裁	21405	20114	-6.03	39711	31317	-21.14
合计	42548	39203	-7.86	97000	83541	-13.88

（二）群体性劳动争议

劳动争议调解、仲裁以及诉讼是劳资纠纷发展成为社会稳定风险之前相对紧张的状态。如果现有制度化解决机制能够充分发挥作用，相关争议通过调解、仲裁和诉讼顺利解决，转化成社会

---

① 《广州劳动争议白皮书（2014—2016 年）》，（http://www.gzcourt.gov.cn/xwzx/bps/2017/05/12101750325.html）。其中，2017 年广州劳动争议案件占民事诉讼案件总数量的比例根据 2017 年广州法院司法统计公报数据计算。

② 广州市中级人民法院：《广州中院劳动争议白皮书（2018 年）》（http://www.gzcourt.gov.cn/xwzx/bps/2018/12/06103216935.html）。

稳定风险的可能性则相对较小；如果现有劳动争议应对机制不能有效应对相关纠纷，劳动争议转化成社会稳定风险的概率就会大幅提高，带来社会稳定风险隐患的可能性相对较高。在劳资纠纷中，容易引发较大规模社会稳定风险的是群体性劳动争议。群体性劳动争议因为关涉人员相对较多，涉及利益相对较高，带来的社会影响较大。此外，群体性劳动争议容易引发罢工、游行等事件，给生产生活带来冲击的同时，影响国家政治稳定和安全。

近年来，广州群体性劳动争议涉案人数下降，其中50人以上的重大群体性劳动争议调解仲裁案件数量大幅下降，涉案人数下降幅度也较大。尽管2014年花都区法院受理大批确认劳动关系的群体性案件，导致当年的劳动争议案件整体大幅度增加，但是2015年、2016年花都区受理的劳动争议案件数量相对2014年明显降低，使2014年的劳动争议案件数量畸高成为特殊、异常性表现[①]。可见，在社会稳定风险应对措施中，现有的调解、仲裁等劳动争议机制有效运行，发挥了调控作用，使相关风险处于总体可控状态，尚未达到高风险状态。

尽管整体上案件数量有所下降，但群体性劳动争议仍是劳资纠纷领域的高风险区。2015年，广州10人以上劳动争议调解仲裁案件数量为1408起，2016年为1277起，2017年为1561起。2017年，广州10人以上劳动争议调解仲裁涉案人数共45899人，同比上升22.24%，但是涉案人数同比下降17.64%。其中，50人以上重大群体性劳动争议调解仲裁案件数量和涉案人数下调幅度较大，案件数量从2016年的55起减少至29起，涉案人数从6867人减少至3159人，案件数量同比下降47.27%，涉案人数同比下降52.04%（见表5-2）。随着重大群体性劳动争议的多元化调处方式不断完善，广州重大群体性劳动争议进入仲裁和审判程序的案件数量明显减少。2015年，

---

① 花都区2014年受理一审劳动争议案件9034件，其中有大批确认劳动关系的群体性劳动争议案件。2015年、2016年，该数据分别为1226件和2115件。

第五章 重大利益冲突引发的社会稳定风险

广州 10 人以上的群体性劳动争议仲裁案件中,最终进入诉讼程序的为 103 起,2016 年 76 起,2017 年 63 起,占案件总数量的比例分别为 7%、5% 和 4%(见图 5-3)。可见,在群体性诉讼数量有所下降的向好趋势下,维护社会稳定的工作重点,一方面是将群体性劳动纠纷止步于诉讼活动,防范群体性事件和罢工等的形成;另一方面,是从根本上消解群体性劳动诉讼的根源,通过工资集体协商机制、改善用工条件等措施,避免群体性劳资纠纷的形成。

表 5-2　　　广州群体性劳动争议案件受理情况(2017)[①]

	受理集体案件(起)			涉及人数		
	2016 年	2017 年	同比(%)	2016 年	2017 年	同比(%)
调解	665	1082	62.71	36811	34217	-7.05
仲裁	612	479	-21.73	18918	11682	-38.25
50 人以上	55	29	-47.27	6867	3156	-54.04
合计	1277	1561	22.24	55729	45899	-17.64

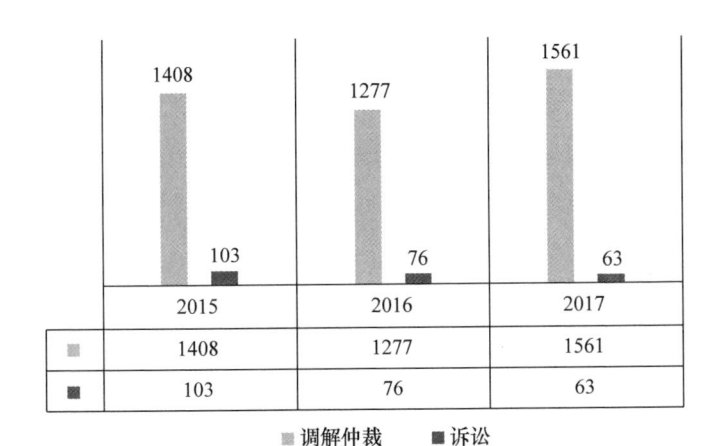

	2015	2016	2017
调解仲裁	1408	1277	1561
诉讼	103	76	63

图 5-3　广州群体性劳动争议调处情况(2015—2017 年)[②](起)

[①] 广州市中级人民法院:《广州中院劳动争议白皮书(2018 年)》,(http://www.gzcourt.gov.cn/xwzx/bps/2018/12/06103216935.html)。

[②] 同上。

(三) 劳资纠纷重点领域

广州劳资纠纷案件中,民营企业特别是劳动密集型中小型企业是劳资纠纷问题高发领域。2015年以来,在全部劳动争议调解仲裁案件中,涉及民营企业调解仲裁案件的比例始终在50%以上。2017年,全市涉民营企业劳动争议调解仲裁案件占全部劳动争议调解仲裁案件的比例为66.07%,共计25903件,涉案人数约6.28万人(见图5-4);在全部群体性劳动争议调解仲裁案件中,涉及民营企业的10人以上群体性劳动争议调解案件均在八成以上,2017年该比例为83.09%(见图5-5)。

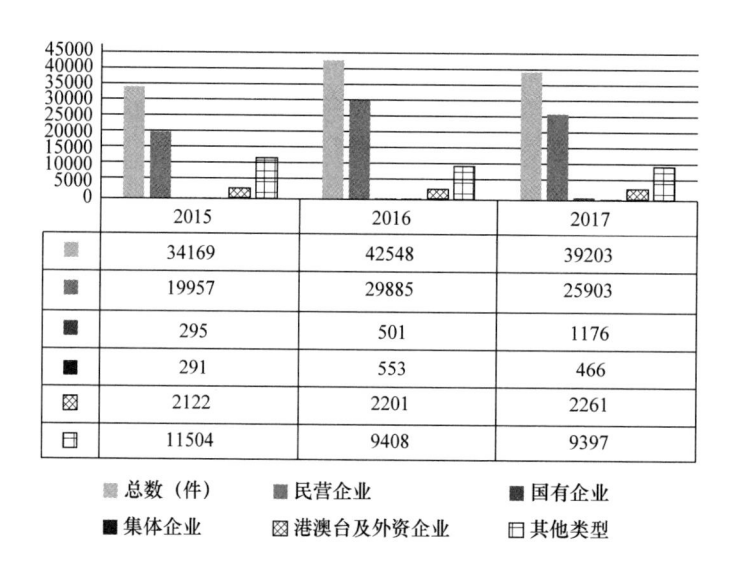

	2015	2016	2017
总数(件)	34169	42548	39203
民营企业	19957	29885	25903
国有企业	295	501	1176
集体企业	291	553	466
港澳台及外资企业	2122	2201	2261
其他类型	11504	9408	9397

图5-4 广州各类型用人单位劳动争议调解仲裁案件数(2015—2017年)[①]

从劳资纠纷的主体看,近年来,劳动争议主要类型日益多元化。在广州中级人民法院的劳动争议案件审理中,2017年涉及劳动者主动要求结束与单位劳动关系的案件为461件,相对于2015年的

[①] 广州市中级人民法院:《广州中院劳动争议白皮书(2018年)》,(http://www.gzcourt.gov.cn/xwzx/bps/2018/12/06103216935.html)。

67件、2016年的78件具有较大幅度上升。在劳动争议中,涉及确认劳动关系的仲裁案件比例在2017年为36.79%,相比于2015年的11.69%、2016年的12.37%,比例上调幅度较大。

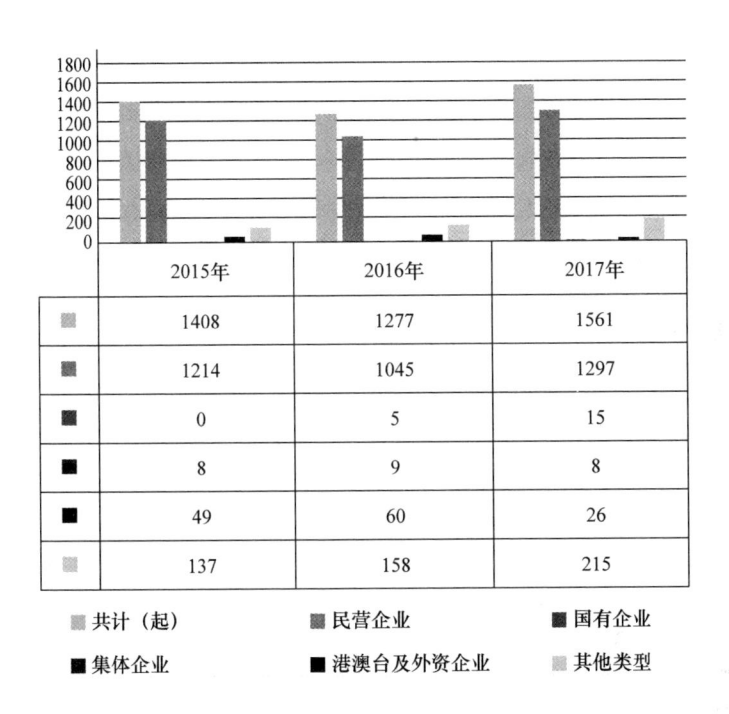

	2015年	2016年	2017年
共计(起)	1408	1277	1561
民营企业	1214	1045	1297
国有企业	0	5	15
集体企业	8	9	8
港澳台及外资企业	49	60	26
其他类型	137	158	215

图5-5 广州各类型用人单位群体性劳动争议调解仲裁案件数(2015—2017年)①

随着经济增长进入新常态以及就业形态变化给劳资纠纷带来新的不确定性,中小企业以及新兴行业的就业形态是引发劳资纠纷的新问题。在劳资纠纷的重点领域,值得注意的是:一是经济增速下行带来中小企业破产、停工的集中失业风险。由于广州劳资纠纷主要集中的民营企业特别是劳动密集型中小企业较多,产生劳动争议相关社会稳定风险的源头较为活跃,在经济形势不稳定的情况下,引发社会稳定风险的可能性依然存在。二是随着共享经济、互联网经济的迅速发展,传统劳动关

---

① 广州市中级人民法院:《广州中院劳动争议白皮书(2018年)》,(http://www.gzcourt.gov.cn/xwzx/bps/2018/12/06103216935.html)。

系逐步变化，劳资纠纷形式也在发生调整，新型就业类型出现，共享劳动、"外卖小哥"等新型就业人口数量迅速上升，成为引发新类型劳资纠纷的潜在因素。当前，对传统失业统计、劳动保障和再就业扶持机制的挑战仍然有待观察。

二 征地拆迁引发的社会稳定风险

征地拆迁分为征地和拆迁两类法律关系。其中，征地是国家为了公共利益的需要而进行的土地征收，补偿原则是合理、适当；拆迁多指商业性拆迁，是出于商业目的或非公共利益而进行的拆迁。简单地说，征地主要是指对土地的征收，拆迁主要是指对土地上房屋及其他建筑物的拆迁。一段时间内，征地和拆迁所依据的法律规定不同，我国《土地管理法》及实施条例和各省土地管理条例是征地主要依据，原《城市房屋拆迁管理条例》和《国有土地上房屋征收与补偿条例》是拆迁的主要依据。征收条例出台后，无论征地还是征房都应统一叫作征收，但是"拆迁"这个用语依然被广泛使用。

因征地拆迁引发矛盾的原因较多，一种情况是征收对象从根本上反对征收这一公共决策，由于乡情故土以及其他人文因素不愿意接受城市变迁的事实；另一种情况是，征收对象内部由于历史或现实原因存在割裂，如因征收补偿的利益分配等矛盾激化，从而阻碍拆迁推进；还有一种情况是，征收对象在本质上并不反对征收，但对征收补偿标准持有不同意见等经济利益原因不配合拆迁项目。如相同拆迁地区实行建设项目补偿标准不统一，没有按照事先签订的协议与约定的时间交付安置房、安置地，没有按照相对应的建设程序进行建设等，导致部分居民不同意拆迁补偿方案，征收过程存在较多不确定因素。

（一）网络影响较大的征地拆迁事件

广州早期因征地拆迁引发的上访等部分群体性事件在互联网

第五章　重大利益冲突引发的社会稳定风险

上可以轻易检索到。在公开报道中，广州市因征地拆迁引发大规模上访事件主要集中在 2010 年之前，如大学城、官州生物岛、亚运城（番禺海傍村）、冼村和猎德城中村改造以及白云机场第三跑道（人和村）、钟落潭机场保税区上访案等。在部分城市建设较为集中的城区，因征地拆迁引发的群体性上访类社会稳定风险警情一度高发，征地拆迁对象时常选择在一些重要会议、重大节假日上访。2010 年之后，随着征地拆迁流程的规范、拆迁补偿金额的提高，因征地拆迁引发的上访等不稳定风险相关报道明显减少。

在社会影响相对较大的城中村改造中，引发利益冲突的原因较为复杂，当地村民内部矛盾是早期引发相关冲突的重要原因。部分村民集体反对拆迁，主要是因为早年推动城市更新的村民组织内部在会议和表决中没有做到透明公开，而是以部分村集体经济组织股东代表投票的方式获得通过。随着村集体经济组织领导腐败案件的出现，村民对征地拆迁活动的合法性产生怀疑。事实上，在历史上，珠三角的自然村以及内部不同姓氏甚至同一姓氏之间的争斗时有发生，当前村集体经济组织争夺权力问题在一定程度上是农村宗族斗争的遗产。如果村民内部存在争夺集体组织领导权的情形，由于历史和现实原因，村民之间往往存在较深的矛盾，村内部划分为明显的派系。在这种情况下，村委会和村集体经济组织的领导者往往是在斗争中目前获得有利地位的一方。如果仅仅是依据村委会或者村集体经济组织提交的表决制订和发布征收方案，就可能引发另一方的对抗情绪，甚至引发更加剧烈的社会稳定冲突和风险，给征收工作带来阻碍。此外，由于拆迁时间较长，土地增值幅度较大，临迁费补偿金额低于附近房屋租金等，部分村民产生对抗情绪，通过在楼顶插红旗等方式，公开表明自己没有就征地拆迁签约，仍然保留财产所有权。

在农村集体经济组织的征收活动中，位于珠江新城的冼村案例具有一定代表性。由于村民内部对于拆迁决议、补偿金分配不满以及个别村干部腐败等，拆迁过程漫长，影响了村民利益，也延缓了城市更新进度。冼村征收中的问题显示，在城中村改造以及农村集体土地征收中，要高度重视村民内部关系，征收前应当充分考量村民的实体利益和程序权利平等问题，不仅在实体上，而且要在程序上对不同群体予以同等的关照。制订公平的征收补偿方案时，要充分征询不同利益方的意见，避免让在程序上被忽略的群体发展成为征收活动的强烈反对方。值得注意的是，农村集体资产的处置程序仍须进一步规范。随着我国《村民委员会组织法》等法律的实施，农村集体资产的处置应当依据相关法律以及合法的村规民约开展，但在重大资产处置的选举代表、表决等环节存在模糊空间，容易被少数人操控成为引发社会不稳定的根源。通过具体措施防范法律权利被滥用，成为保障农村健康发展的重要问题。

（二）近年来推进的城市建设和旧城改造项目

随着城市治理的全面推进，广州因征地拆迁引发大规模上访的情况相对得到缓解，社会稳定风险逐步降低。但是由于广州积极推进城市建设，从旧城改造的规模力度来看，因征地拆迁引发社会稳定的风险仍然处于高位。一是从城市建设力度来看，广州积极推进大项目、新项目，具有因征地拆迁引发大规模上访的隐患。如广州大学城将在原有基础上继续征地1000亩，安置暨大等新校区的学生，打造广州创新城南岸区等项目，需要相关部门对征地拆迁中的社会稳定风险制定应对措施。二是从城市更新的项目数量来看，广州的旧城改造、微改造项目较多，涉及对房产的征收拆迁等活动，处理不慎可引发社会稳定风险。三是广州经济增长速度较快，房价整体呈上升趋势，拆迁安置补偿费用较高，涉及利益较大，其引发上访的社会稳定风险始终存在。

根据广州市发改委官网发布的《广州市2019年重点建设项目计划》，广州市计划在52个城市更新和土地储备项目中投资

3133170万元。根据互联网上流传的广州"拆迁地图",截至2019年8月,除猎德村、林河村、潭村、杨箕村、琶洲村、黄埔村、永泰村、线坑村已完成改造的8个村外,广州至少还有192个村的旧村改造工作在计划推进或者已经开展之中(见图5-6)。由于当前拆迁补偿力度较大(见图5-7),随着广州地价、房价近年来不断上升,当前关于旧村改造和城市更新的大众语言相对集中在"土豪""身价暴涨""拆二代"和"包租公"上。随着拆迁工作文明有序推进,关于"暴力拆迁""强制拆迁"的负面表述和词汇基本消失。当前关于征地拆迁的社会稳定风险主要集中在个别拆迁"钉子户"及其引发的社会影响上。由于城市拆迁和土地储备项目较多,农村土地还涉及村集体的资源分配问题,同样隐含社会稳定风险,仍然需要高度重视。

区域	旧改村
天河(8个)	员村、程界西村、吉山村、柯木塱、龙洞村、岑村、长湴、车陂村
荔湾(9个)	五眼桥村、增滘村、海中村、西塱村、海南村、南漖村、沙岗村、东塱村、花地村
海珠(7个)	赤沙村、南箕村、五凤村、土华村、东风村、寺右村、沙涌南村
越秀(1个)	金贵村
白云(12个)	马沥村、石湖村、安平村、东凤村、京溪村、竹一村、石马村、龙湖村、棠涌村、罗岗村、新楼村、五龙岗村
黄埔(10个)	凤尾村、佛塱村、黄灯村、何棠下村、华沙社区、双沙社区、南湾村、夏园村、南岗村、夏园村
增城(11个)	新联村、棠村、陈桥头村、迳吓村、塘美村、石下村、派潭村、横塱村、塘口村、新街村、中新村
番禺(23个)	上漖村、洛溪村、厦滘村、西一村、西二村、东乡村、石壁一、二、三、四村、沙头(大平村、北海村、大富村)、沙湾古坝东溪村、沙溪村、新基村、里仁洞村、东郊村、罗家村、南村村、莘汀村、塘头村、明经村、荣东村、甘棠村、石岗东村、三善村、联围村
南沙(22个)	西樵村、东流村、马前村、上村村、南村坊前、灵山村、大岗村、客家村、广隆村、大涌村、新村村、大井村、沙螺湾村、金洲村(中围、裕兴)、芦湾村、九王庙村、鹿璟村、南横村、东井村、汤坑村、大岭界村、亭角村
花都(17个)	石岗村、乐同村、毕村官溪村、杨屋村、马溪村、三东村、长岗村、新街村、平西村、东境村、东莞村、横潭村、广塘村、田美村、东湖村、象山村、东华村
从化(7个)	城南片区、菜地塱村、水南村、太平村、向阳村、沙贝村、神岗村

图5-6 广州纳入计划的旧改村①

---

① 《有钱不过"我家要拆迁了"! 2019广州"土豪"地图出炉! 有你家吗?》(http://gz.ihk.cn/news/130e089.html)。

广州部分旧村改造拆迁补偿方案

区域	村名	弃产货币补偿（元/m²）	面积补偿
天河区	吉山村	20000	按三层半滴水面积计算回迁安置
	车陂村	—	按有证面积4层及以下（含4层）拆一补一为准则，不足4层补足4层面积
海珠区	沥滘村	15000	已建房屋合法面积按照拆一补一给予安置
	新市头村	25000	合法面积拆一补一
白云区	田心村	7500	现状4层以下拆一补一，4层以上按4层+10m²
	小坪村	12000	合法面积拆一补一，超建面积拆二补一，4层以下补平层，计算权益面积
	陈田村	12000	合法面积拆一补一，超建面积拆四补一，4层以上合法面积补平层，超5层的拆四补一，4层以下合法面积加补一层
荔湾	鹤洞村	25000	证载面积拆一补一，按套内面积补偿；1987年前的房子，无证部分也可按1:1回迁；1987.1.1—2007.6.30无证部分，按2:1回迁
	河沙村	16000	4层以下有证面积按1:1，无证面积则按1:0.8进行复建安置，或者按有证面积16000元/m²进行货币补偿；4层以上部分按实测有证建筑面积拆一购一计算回迁面积
黄埔区	何棠下村	8000	现状房屋为1层：首层有效建基面积×2；现状房屋为2层及以上：首层有效建基面积×4+现状4层及以下飘楼面积×100%+现状4层及以下阳台面积×50%
	萝峰社区	12000	以有效建基面积4层或4层以下的建筑面积为拆迁面积，按拆迁面积拆一补一
	沙步村	15000	有效建基面积4层（含4层）以下的建筑面积为拆迁面积，按拆迁面积拆一补一
	刘村	8200	4层（含4层）以下的合法建筑面积按拆一补一，不足4层的房屋允许屋主以16000元/m²购买余下不足4层的面积
	火村	8000	有效建基面积4层或4层以下的建筑面积为拆迁面积，按拆迁面积拆一补一
南沙区	金洲、冲尾	10000	有证合法面积、最高按照1:1.3就散回迁面积；无证，2009年前建，最高按照1:1.2计算回迁面积
增城区	永宁街简村	—	实测层数三层及以上：按照建筑面积拆一补一；层数三层以下：按照阶梯式进行安置补偿

图5-7 广州部分旧村改造拆迁补偿方案①

---

① 《有钱不过"我家要拆迁了"！2019广州"土豪"地图出炉！有你家吗？》（http://gz.ihk.cn/news/130e089.html）。

近年来，在广州地铁八号线北延段建设中，地铁西村站的拆迁工作持续时间较长，影响了地铁施工进度，并一度引发社会关注。在地铁西村站拆迁工作中，争议较大的问题既包括拆迁户对补偿款项的进一步争取，也包括关于古树名木的保护等城市发展新型问题。建设方通过诉讼、协商等法律手段推进拆迁，积极寻求多方力量，如引入媒体、社会组织等参与，并没有使此事成为社会不稳定因素，最终得到妥善解决，成为城市改造征收中值得参考的样本。

地铁八号线北延段建设中，西村站原定于2013年5月开工，但是由于征地受阻，直至2016年年底仍未完成拆迁。2014年7月，西村站仅余下4户房屋未签订协议，涉及3栋楼房，主要原因是产权人提出的补偿要求远远高于补偿方案的标准。① 2016年12月，还剩最后一户居民未能就征地补偿达成一致意见，车站主体结构工程仍然没有时间表。此前未拆的三栋楼房已拆剩一栋，为广雅后街二巷的一栋三层楼的民居，占地面积约120平方米。② 荔湾区政府对拒绝拆迁的居民提起诉讼且胜诉，但是因为老宅内住着一位90多岁的老人，政府以及法院并未实行强拆。此外，拟拆迁房屋旁的一棵树龄100多年的老榕树也是地铁站建设的重要难题。按照2012年的《广州市绿化条例》，树龄在100年以上不足300年的古树为二级古树名木，禁止砍伐迁移。为此，地铁公司形成不迁移古树的预案，下掏相当于给古树做一个花盆。这样一来，影响地铁站厅的功能，成本将增加2000多万元。③

由于地铁西村站是进入同德围地区的前一站，直接影响同

---

① 李天研:《8号线北延段，西村站有4户没谈下来》，《广州日报》2014年7月9日。
② 李天研:《西村站还要等，八号线暂难通》，《广州日报》2016年12月2日。
③ 李应华、黎秋玲:《老太太和古树，广州地铁八号线北延受困》，《新快报》2017年1月8日。

德围地区综合整治的成效。拆迁进入僵持阶段时，地铁公司就此事向同德围综合整治期间成立的民间议事协调组织同德围公咨委反映了进展，同德围公咨委也向拆迁户了解情况。对于古树，同德围公咨委获悉附近的广雅中学愿意接收，并为此进行了协调沟通。2017年2月中旬，在地铁西村站拆迁地址上，同德围公咨委主持召开现场协调会，邀请了市林业和园林局、市住建委、荔湾区征收办、地铁公司等有关领导，就房屋拆迁和古木迁移进行协调。在建设方采取多种途径反复沟通之后，在社会的广泛关注下，拆迁户最终与房屋征收部门签订拆迁补偿协议，地铁站建设得以推进。

　　整体来看，广州征地拆迁引发大规模上访的前期，往往是不满情绪持续宣泄的过程。这些不满情绪积累到一定程度时，如果没有得到有效的缓解和疏导，就有可能引发大规模的上访。当前，由于网络、媒体传播信息便捷，关于征地拆迁等不满情绪主要通过网络传播，在自媒体中，微信、微博是主要的语言宣泄途径。语言宣泄的常见形式为怪话、牢骚、流言、民谣、顺口溜等。随着语言宣泄的累积，部分人员可能会举行小型集会，通过集会传导的负面情绪，可能将自身生活状态等具体问题联系社会分配等宏观制度，将不满情绪转化为请愿、上访等行为。因此，不满情绪通过网络或者集会等方式聚集，往往是征地拆迁引发大规模上访的前兆，在此期间需要相关部门有效应对，开展有力的情绪缓解和疏导活动。地铁西村站拆迁征收部门依法拆迁，通过诉讼、协商，引入媒体、社会力量，最终成功签订拆迁协议的推进模式，值得在类似城市治理的活动中参考。

三　环境保护引发的社会稳定风险

　　随着环境保护日益受到重视，国内外与之相关的利益冲突时有发生，一方面表现为环境保护与可持续发展的经济利益冲突，另一方面表现为环境保护与居民生活安宁相关的环保空间冲突。在城市发展中，后者较为常见，并且发展成近年来以"邻壁"为主要表现形式的利益冲突。邻壁效应主要是指居民因顾虑建设项目对自身健康、安全以及财产价值可能带来的负面影响，滋生出"不要建设在我家附近"的心理，并为此采取集体反对或者是抗争的行为。与环境保护相关的邻壁效应对于社会发展的积极意义和消极影响同时存在：一方面，公众环境保护意识的觉醒表明城市文明程度提高，居民的集体抗争是参与纠正行政决策和建设方案的积极行为；另一方面，部分居民通过集体活动争取过高的经济补偿方案可能加大建设成本，拖延对经济社会发展具有必要性的重要项目，引发社会问题，并带来不稳定因素。

广州在城市建设中，因邻壁效应影响施工进程的项目包括变电站建设、重要道路桥梁施工、垃圾焚烧厂选址等。在生态环保方面，广州大力推进相关项目建设，仅2019年就计划竣工广州市兴丰应急填埋场、李坑综合处理厂、广州市第三资源热力电厂、车陂涌棠下涌治理工程四大项目。当年福山循环经济产业园生活垃圾应急综合处理项目、广州市第四资源热力电厂二期工程、西朗污水处理厂二期工程、江高净水厂、凤凰净水厂、花山净水厂一期、大石污水厂二期、洛溪岛净水厂、南村净水厂、大陵净水厂、新塘永和污水处理厂四期等多个环保项目开工建设。[1]

关于邻壁效应的以下心理认知因素是引发集体行动并影响社会稳定的重要原因。一是对政府或者是项目建设发起人的信任缺失。居民怀疑公共决策本身是具有公共参与意识的表现，但当项目存在具有经济利益的发起人或者相关组织时，居民的信任缺失往往会导向对社会公平、腐败等现象的讨论，导致关

---

[1] 《广州市发改委发布2019年重点项目建设计划》，（http://www.gov.cn/xinwen/2019-01/27/content_5361518.htm）。

注焦点转移偏离原有主题。二是专业知识和信息的缺乏。当前，城市公共设施建设涉及相关专业性知识，如电场辐射、噪声污染、垃圾焚烧毒害等，普通公众对于上述知识和信息的掌握程度有限，在相关信息传播中，居民相对关注建设工程的负面效应而忽视正面效果。三是全局性公共利益观念缺失。邻壁效应较为负面的特征在于行为人社会责任感不足，"凭什么由我来承担应该由整个社会承担的后果"的心态容易在基层社会政治活动中被利用和操纵。四是对于公共决策及相关事宜评价情绪化。主要表现为相关公众舆论具有内容复杂化、形式碎片化、传播即时性和价值取向不稳定的特点，整体倾向于将经济补偿、对抗行为归结为项目本身带来的负面影响，更加抵制建设项目。

由于与环境相关的城市建设项目容易引发邻壁效应，相关项目的建设和推进过程应当尤为慎重，在严格遵守相关法律法规的前提下，尽量及早地向社会公布选址程序、建设方案以及相关的环境影响评价和风险评估。此外，还应着重加强宣传教育，发布权威、专业的知识和信息，传递项目建设有利于公共利益和个体长远利益的观念，推进项目建设的同时形塑公民的参与意识和公共精神。在广州的公共项目建设中，白云区南德变电站建设是一次充分运用社会力量推进项目建设且化解社会稳定风险的成功范例。

白云区同德围地区原本只有一座同德变电站。随着居民数量增多，用电量持续增加，自2010年开始，变电站供电负载率已经高达95%，预计2012年将满载甚至过载运行。这不仅给变电站的安全检修带来困难，而且意味着一旦发生意外，将大面积停电。根据市政府制订的同德围综合整治方案，供电部门拟新建设南德变电站，并取得规划、国土、环保等相关部门的同意批复。① 2012年7月，市规划局网站公示：变电站位于同德街

---

① 刘怀宇：《同德围新建变电站引发忧虑，专家学者释疑选址离居民楼很远电磁强度微弱无害》，《南方日报》2012年7月30日。

西槎路泽德花园小区西侧，规划拟建地上两层，建筑面积为2009.30平方米，地下一层，建筑面积为760.30平方米。① 该项目原计划年内建成，但当地居民接连三次上访反对建设。②

为了促进居民对变电站建设的理解，市建委等相关部门拟邀请部分居民参观已经建成的隽雅变电站、天河变电站等示范性变电站，并通过召开座谈会的形式与居民沟通。然而，在乘车现场，部分居民拉起横幅，要求受邀居民拒绝乘车，强烈表达对建设变电站的反对。在部分居民的阻拦下，原本确定参加座谈会的居民代表决定拒绝参观活动。③

居民的质疑主要包括以下几方面：一是拟建设的南德变电站附近有燃气储备站，东侧不远还有加气站，在目前选址建设变电站是否会带来消防安全隐患。二是南德变电站和同德围变电站直线距离不足200米，在这样近的区域是否有必要重复建设变电站。三是南德变电站是服务于同德围居民，还是供其他地方居民使用，如果供其他地区居民使用，为何在同德围修建。四是变电站磁场是否影响居民健康，居民健康因素是否被纳入建设工程考量范围。

建设方组织召开了座谈会，不同部门对上述问题作出回答。市消防局相关负责人对群众提出的安全隐患问题给予回应，南德变电站距离最近的燃气储配站143米，大于规定的距离下限50米，变电站距东侧加气站约326米，防火距离不成问题。④ 市供电局参会的相关负责人解释，同德变电站与南德变电站位置相距至少328米，不是居民所述的不足200米；而且，国家对于

---

① 刘怀宇、蔡梓榆：《同德围南德变电站正批后公示》，《南方日报》2012年7月17日。
② 魏凯：《同德围建变电站，座谈会"三缺一"》，《南方都市报》2012年7月30日。
③ 万宇等：《变电站建设交流会"三缺一"》，《信息时报》2012年7月30日。
④ 魏凯：《同德围建变电站，座谈会"三缺一"》，《南方都市报》2012年7月30日。

变电站之间的距离没有明确规定。① 市供电局的相关负责人还对变电站的使用对象作出解释，南德变电站建成之后将转同德站部分 10 千伏馈线，降低同德站的负载率，两站有各自的供电范围，无重叠交错。"居民们说南德变电站建好后供别的地方使用也是错误的，实际上将来该变电站为同德围居民服务。"② 对于居民关注的健康隐患问题，市供电局负责人解释，变电站建筑物最近距离北侧居民楼 22.6 米，南侧居民楼 75.5 米，西侧幼儿园 260 米、中学约 385 米。政府部门开展的环评报告显示，变电站建成后，其附近居民住宅区工频电场和磁场强度均远低于相应环保标准。③

座谈会上，国务院参事沈梦培教授，原国家电网电磁影响实验室（上海）学科带头人、华东电力试验研究院高级工程师杨新村两位专家对居民质疑的辐射问题进行了科普。④ 座谈会后，同德围街道办、社区工作人员及同德围公众咨询监督委员会持续对上访居民解释宣传，通过多种形式开展工作。为消除居民对变电站项目的误解，公咨委委员和街道办与社区居委会工作人员在晚间冒雨开展入户宣传，派发相关部门的书面意见、致居民的公开信等资料，引导居民从公共利益视角出发，配合变电站建设。在劝解疏导工作中，工作人员努力传达以下观点：同德围整治是一项综合工程，需要部分居民在局部利益上作出让步。这种让步将带来持久的公共利益，它们最终将回馈到同德围全体居民，其中就包括作出让步的部分居民。在各方力量的共同努力下，居民逐步接受变电站的建设方案，持反对意见的居民越来越少。最终，南德变电站于 2012 年 11 月下旬进场

---

① 魏凯：《同德围建变电站，座谈会"三缺一"》，《南方都市报》2012 年 7 月 30 日。
② 同上。
③ 同上。
④ 同上。

施工。①

从基层治理的角度看,南德变电站建设矛盾化解,与主要依靠行政力量开展的维稳工作目标接近。尤其是同德围公众咨询监督委员会具有非官方身份,他们提出的建议相对容易被居民接受。公咨委委员与居民的直接沟通,一定程度上消解了行政权力运行中政府部门和居民之间的紧张情绪,使居民逐步相信变电站的安全性解释,与建设方从紧张对立逐步走向对话沟通。

涉及环境保护的邻壁问题处理中,完善政府与社会共同监督管理的制度,引入第三方参与到项目建设运营指导、监督评估之中,赋予社区和社会力量广泛参与权与实际控制权,引入相对人参与到公共决策的制定和实施中,有利于决策本身的完善,也有利于项目的推进和实施。这是地方治理体系和治理能力现代化的重要渠道与发展方向。

---

① 具体细节来源于对李伟庭的调研访谈。

第六章　突发公共安全事件类社会稳定风险

突发公共安全事件是指突然发生，造成或者可能造成重大人员伤亡、财产损失、生态环境破坏和严重社会危害，危及公共安全的紧急事件。它的特点是突然爆发、难以预料，已经或者可能带来严重后果，迫切需要紧急处理。按照成因，突发公共安全事件包括自然性突发事件和社会性突发事件。当前，广州主要面临公共卫生事件、行政执法事件和大型群众活动引发的社会稳定风险。

一　公共卫生事件引发的社会稳定风险

根据国务院制定发布的《突发公共卫生事件应急条例》，突发公共卫生事件是指突然发生，造成或者可能造成社会公众健康严重损害的重大传染病疫情、群体性不明原因疾病、重大食物和职业中毒以及其他严重影响公众健康的事件。根据突发公共卫生事件性质、危害程度、涉及范围，它划分为特别重大（Ⅰ级）、重大（Ⅱ级）、较大（Ⅲ级）和一般（Ⅳ级）四级。

现代社会中，尤其是大城市，由于人口密度大、公共服务精准度高，相关公共系统的脆弱性恶化。在城市防灾设施中，由于多数属于防御性设施，相当一部分长期以来备而无用，不仅导致维护更新成本高，而且时常被忽视。这种情况下，一旦发生突发性公共卫生事件，其后续和继发风险控制以及秩序恢复的难度都很大。例如，SARS 暴发，人们开始反思我国当时公共卫生体系的脆弱性程度。一般认为，包括公共卫生安全事件的重大灾难和创伤事件发生后的 24 小时以内，是救援处置的黄金 24 小时，但在短时间内控制风险范围和烈度、紧急救助受灾群众，需要强有力的资源储备和人员、物资配置能力。只有公共卫生应急系统枕戈待旦，具备随时响应能力，城市管理者才能守护住城市的安全生命线。

广州是广东省省会、国家重要的中心城市、国际商贸中心和综合交通枢纽。近年来，广州人口迅速增加，截至 2020 年，实际管理人口超过 2000 万人。由于外来人口数量基数大，一旦发生公共安全事件，具有极高的风险。一方面，自身城市安全受到冲击的可能性较大；另一方面，可能因城市的辐射性给周边城市乃至国际社会带来一定的风险隐患。进入 21 世纪，在涉及中国的两次大规模流行性传染病中，广东都是高度危险区域。

广东是较早发现 SARS 病例的地区。随着 SARS 在东南亚乃至全球的扩散，它形成了一次世界性的传染病，引起包括医务人员在内的许多患者死亡，造成一定程度的社会恐慌。根据中国卫生部最后一次公布的每日疫情，中国内地（大陆）累计非典临床诊断病例 5327 例，治愈 4959 例，死亡 349 例；中国香港 1755 例，死亡 300 人；中国台湾 655 例，死亡 180 人；加拿大 251 例，死亡 41 人；新加坡 238 例，死亡 33 人；越南 6 例，死亡 5 人。[①] 据统计，截至非典疫情结束，广州最终确诊非典病例数为 1062 人，低于作为输入地的北京和香港（分别是 2521 人、1755 人）；非典的全球病死率为 11%，中国内地为 7%，香港为 17%，北京为 8%，广州为 5.1%，说明广州在疫情防控效果上

---

① 《世界卫生组织公布最新统计数字，全球非典病死率近 11%》，（http://news.sina.com.cn/c/2003-08-17/0917580774s.shtml）。

较为得力。①

2020年年初，新冠肺炎病例在不同国家出现，由于病毒迅速传播，发展成为特别重大突发公共卫生事件。新冠肺炎疫情中，广州公共系统在较早期积极采取相对有力的应对措施，没有成为病毒传播流行的中心区域。但是由于广州的人员、物流、交通往来密集，其发病率仍然较高，成为国内疫情防控的重要地区。

据统计，截至2020年4月11日，全国累计确诊病例83482人，治愈出院78028人，死亡3349人；广州累计确诊病例479人，治愈出院430人，死亡1人。以5天为间隔期限，从新增确诊数据来看，相对国内疫情在2月4日前后达到高峰，广州提前在1月31日前后达到高峰并开始下降（图6-1）。根据广州市卫健委通报，自2月9日开始，广州每日确诊病例开始以个位数增加。2月17日是广州自1月21日通报疫情以来，首次新增确诊病例0例，疑似病例0例（图6-2）。

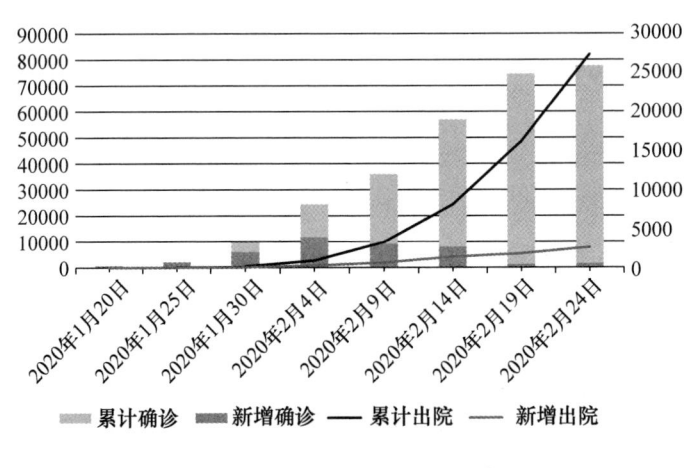

图6-1 全国新冠肺炎疫情走势②（例）

---

① 张强：《"新冠"与"非典"疫情的比较级对广州防控的启示》，学习强国。
② 信息来自国家卫生健康委员会官方网站。

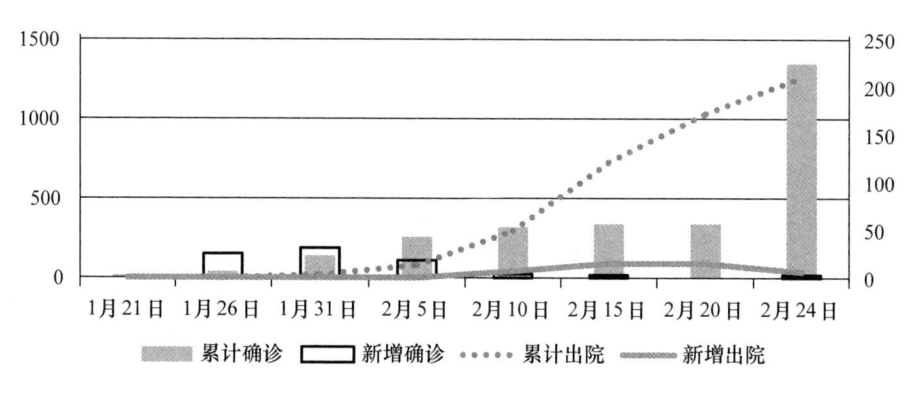

图6-2 广州新冠肺炎疫情走势①

广州在新冠肺炎疫情防控中取得较为有效成果的背后,是近年来不断加大财政医疗卫生支出和加强应急管理体系建设的城市治理积极举措(见表6-1)。

表6-1 各省市启动重大突发公共卫生时间一级响应

时间	启动一级响应的地区
1/23	广东、浙江、湖南
1/24	山东、湖北、天津、安徽、北京、上海、重庆、江西、四川、云南、贵州、福建、河北、广西、江苏
1/25	海南、新疆、河南、宁夏、甘肃、辽宁、山西、陕西、青海、吉林、内蒙古、黑龙江
1/31	西藏

自2015年起,广州市政府财政医疗卫生支出每年增幅均在10%以上,2016年达到25.92%,2018年市财政医疗卫生支出达到2014年该数值的两倍(见图6-3、图6-4)。

---

① 信息来自广州卫生健康委员会官方网站。

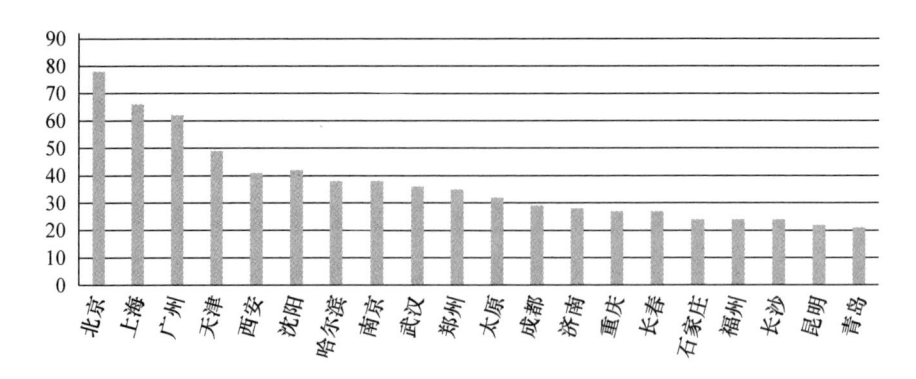

图 6-3　国内主要城市三甲医院数

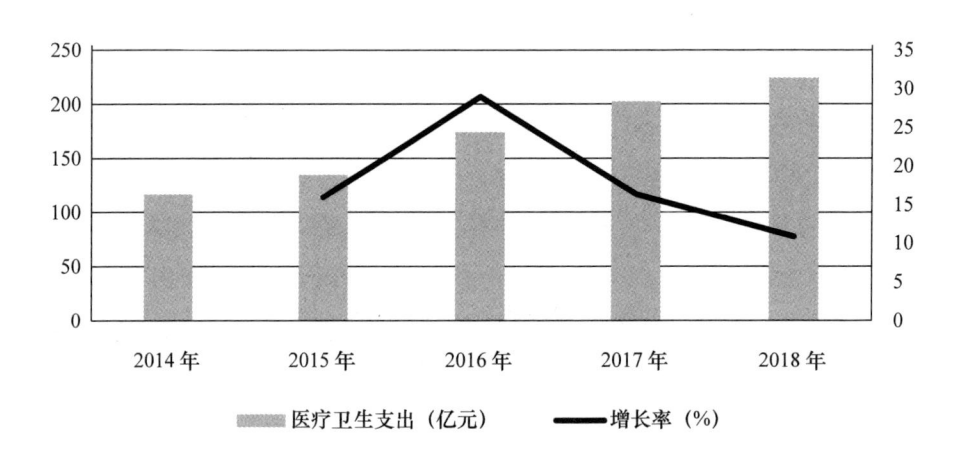

图 6-4　广州市 2014—2018 年政府财政医疗卫生支出情况①

近年来，广州不断强化公共突发卫生事件应急体系建设，于 2008 年 4 月组建了第一届突发事件应急管理专家库，成立突发事件应急管理专家组。2011 年，根据实际工作需要，在广泛征求意见的基础上，对第一届突发事件应急管理专家库、专家组进行调整。调整后的应急管理专家库专家 257 名，涉及五大类，其中公共卫生事件类 53 名；应急管理专家组顾问 5 名，专家组成员 45 名，公共卫生事件类 7 名（见表 6-2、表 6-3）。

---

① 柳立子、刘佳：《"非典"到新冠肺炎，广州战"疫"靠什么？》，（http://www.gzass.gd.cn/gzsky/contents/23/30239.html）。

表6-2　广州市第二届突发事件应急管理专家组成员名单

顾问	钟南山 闪淳昌 乔任毅 高小平 黄江平	广州医学院广州呼吸疾病研究所所长、教授、中国工程院院士 国务院参事、国务院应急管理专家组组长 国家行政学院应急管理培训中心主任 国家应急管理专家组成员、中国行政管理学会执行副会长兼秘书长、《中国应急管理》杂志主编 公安部治安局副局长
组长	周福霖	广州大学工程抗震研究中心主任、广州市科协主席、教授、中国工程院院士
副组长	郑小战 廖光煊 唐小平 王念省 葛洪义	广州地质调查院总工程师、高级工程师 广州中国科学院工业技术研究院公共安全技术研究中心主任、教授 广州市卫生局副局长、主任医师 广州市公安局治安支队高级工程师 中国法学会法理学研究会副会长、广东省法理学研究会会长、华南理工大学法学院院长、教授

......

三、公共卫生事件类

唐小平　公共卫生类专家召集人（兼），广州市卫生局副局长、主任医师
廖　明　公共卫生类专家副召集人，华南农业大学副校长、教授
王　明　广州市疾病预防控制中心、主任医师
丁振华　南方医科大学公共卫生与热带医学学院放射医学系主任、教授
王声湧　暨南大学医学院上海预防控制中心主任、教授
王家骥　广州医学院公共卫生与全科医学学院院长、教授
洪文华　广州市食品药品监督管理局餐饮服务监管分局副局长、主任医师

广州市人民政府：关于调整广州市突发事件应急管理专家有关事项的通知。http://www.gz.gov.cn/zwgk/fggw/szfwj/content/post_4757176.html.

表6-3　广州市第三届突发事件应急管理专家组成员名单

顾问	钟南山 闪淳昌 吴清平 刘铁民 葛洪义	中国工程院院士、呼吸疾病国家重点实验室主任、国家呼吸系统疾病临床医学研究中心主任 国务院应急管理专家组组长，原国务院参事、国家安全生产监督管理局副局长 中国工程院院士、广东省微生物研究所所长、研究员 中国安全生产科学研究院学术委员会主任、中国安全生产协会副会长 浙江大学光华法学院特聘教授、浙江大学中国地方治理与法治发展研究中心主任

续表

组长	周福霖	中国工程院院士、广州大学工程抗震研究中心主任、高级工程师、教授
副组长	郑小战	广州地质调查院总工程师、高级工程师
	廖光煊	广州中国科学院工业技术研究院城市公共安全技术研究中心主任、教授、博士生导师
	唐小平	广州市卫生和计划生育委员会主任、主任医师、教授、博士生导师
	王念省	广州市公安局治安管理支队二级警长、高级工程师
	蔡立辉	暨南大学应急管理学院院长、教授

……

三、公共卫生事件类		
	唐小平	公共卫生类专家召集人（兼），广州市卫生和计划生育委员会主任、主任医师、教授、博士生导师
	廖 明	公共卫生类专家副召集人，华南农业大学副校长、教授
	丁振华	南方医科大学公共卫生学院教授
	杨志聪	广州市疾病预防控制中心主任、主任医师
	洪文华	广州市食品药品监督管理局食品执法监管分局调研员、公共卫生主任医师
	郝元涛	中山大学公共卫生学院院长、教授
	曾国华	广州医科大学附属第一医院副院长、主任医师
	廖如燕	广东出入境检验检疫技术中心实验室主任、主任医师

广州市人民政府：广州市人民政府关于调整广州市突发事件应急管理专家有关事项的通知。http://www.gz.gov.cn/zwgk/fggw/szfwj/content/mpost_4757369.html.

尽管广州在"非典"和新冠肺炎疫情中的防控措施相对得力，但在准确把握突发公共卫生事件和汲取外地教训的基础上，仍然存在进一步优化、改善和提升应急机制以及防控工作的空间。从新冠肺炎暴发及防控期间广州的舆论走向以及主要治理措施看，当前的应急治理措施应当在公共救援资源走向、参与主体、治理方式等方面转型和创新，应对不断出现的社会治理新要求和新内容。

从武汉早期发放救援物资的不良影响看，城市治理者应当积极探索突发公共卫生事件时资源服务下沉新路径，缩短救援物资在公共部门滞留的时间，确保救援物资发放的公开、透明。以武汉公共部门新冠肺炎疫情应对为例，在疫情暴发前期，全国乃至各地的捐款、捐赠物资纷纷运往武汉，但由于公共部门没有及时向医院、救援单位发放口罩与防护服等医疗物资，湖北省和武汉市两级政府、红十字会系统的工作能力在网络上被公众诟病，成为疫情传播过程中的重大舆情。

武汉前期应对疫情的不当之处，引发我们反思：由于当前信息传播便捷，在突发公共卫生事件时，社会力量往往能够迅速开展捐款捐物等救援活动。如果官方或者准官方救援体系没有充分回应社会力量的救援活动，不仅影响实际救援效果，而且将严重影响政府的公信力。我们不能用应急状态下公共部门的行为来评价我国整体地方治理体系和治理能力，地方公共部门的治理能力最终体现为有需要的个体能否实际获得救援物品。尽管这与国家治理体系在宏观上能否调拨统筹资源密切相关，但是在突发性公共事件中，救援物品的发放环节应当得到更高程度的重视。在公共突发事件频发的情况下，国内城市应当高度重视公共资源下沉体系建设，注重公共资源发放过程中的高效、透明，使救援活动能够面对并经得起社会公众审视的目光、质疑的话语。

从新冠肺炎相关信息传播看，当前公共突发卫生事件的信息传播途径中，自媒体占据较大空间。据统计，公众获取疫情信息的最主要渠道依次是个人微信群/朋友圈、电视、门户网站/新闻客户端、微信公众号、微博、学校/单位/社区各类型通知、朋友和熟人交流、食品/短视频网站、广播、报纸/杂志等。自媒体中的疫情舆论具有内容复杂化、形式碎片化、传播及时性和价值取向不稳定的特点。在新冠肺炎疫情中，自媒体自1月中旬相关信息数量激增，逐步向关注公共部门表现、分析疫情原因、评价学术道德、赞扬医护队伍、抢购防疫物品、肯定社会救援力量和呼吁加大救助力度等多维视角发散。疫情舆论生态在政治、学术和群众等不同类别话语的杂糅中呈现出主体区隔的特点，即官方多以政治话语发布号召、专家多以学术话语分析探讨、公众多以群众话语指责批判，不同话语的内容指向和价值取向呈现出分离趋势。在传统媒体时代，舆情回应有24小时、8小时、6小时等"黄金时间"之说；在当前新媒体环境下，舆情需要做到即时回应，公共部门对公众质疑不能止步于表态，而应落实到具体的行动。

二 行政执法活动引发的社会稳定风险

多数国家转型的经验表明，风险管理者（政府）行为是造成风险争议的重要源头。[①] 一线行政执法往往既是社会风险管理者，也有可能是引发新一轮社会风险的根源。随着人们法律意识不断增强，社会公众对于行政执法的合法性关注日益提升，各类行政主体因执法行为成为行政诉讼被告的概率明显增加。在日益复杂的行政管理中，各级行政主体通过行政执法干预社会活动的范围日益增加，因行政执法引发人民群众与行政机关产生矛盾冲突的社会稳定风险逐步增大。行政执法是行政机关实施社会管理的依法用权活动，也是行政机关管控社会稳定风险的主要手段，因行政执法引发人民群众与行政机关对立冲突的社会稳定风险需要相关部门予以高度重视。

近年来，广州行政执法制度建设日益完善，行政执法规范性逐步增强，行政执法数据公开日益规范和全面。2012年，广州市政府首创颁布《广州市政府信息公开规定》，对政府信息公开的内容、方式、程序、监督与救济作出系统性规定，全面规范了政府信息公开制度。2016年，广州市法制办制定印发了《广州市行政执法数据公开办法》，要求广州市行政机关和依据授权具有管理公共事务职能的组织应当于每年3月底之前公开上一年的行政执法数据。2017年，国务院办公厅印发了《推行

---

① ［英］尼克·皮金在《风险的社会放大》（中国劳动社会保障出版社2010年版）一书"引言"中指出，在正式的风险评估中，组织本身是一个风险因素这一事实几乎从来没有被探讨过。

行政执法公示制度执法全过程记录制度重大执法决定法制审核制度试点工作方案》。为切实做好推行上述方案规定的行政执法公示、执法全过程记录和重大执法决定法制审核三项制度的试点工作，广州制定了《推行行政执法公示制度执法全过程记录制度重大执法决定法制审核制度试点工作方案》。通过用行政执法公开的方式对行政执法程序进行规范，促进监督，保障行政执法合法合规，确保行政执法活动被人民群众接受。2017年，广州在全国首次公开执法"账本"，2018年3月，依法公开了2017年度行政执法数据。

根据中国社科院法学研究所法治指数创新工程项目组发布的《中国警务透明指数报告（2018）——以公安机关网站信息公开为视角》，公安机关通过便民服务、阳光执法、处罚公开、开放数据等系列公开活动，在改善民生、彰显法治、助力诚信、智慧决策等方面取得实效，但也遭遇宣传与公开、公开与保密、实名与匿名、分散与集约等选择困境，去敏感化、集约化、标准化终将成为提升中国警务透明度的路径选择。[①] 根据基本信息公开、便民服务、执法公开、数据公开四项指标，广州在2018年的评估中得分为78.34，位列全国第五名（见表6-4）。

表6-4　　中国警务透明度指数评估结果（2018）

排名	评估对象	基本信息	便民服务	执法公开	数据公开	总分（满分：100分）
2	深圳市公安局	86.00	100.00	94.00	72.65	87.86
5	广州市公安局	82.00	100.00	86.00	48.15	78.34
15	上海市公安局	76.00	100.00	65.00	40.00	68.50
16	北京市公安局	68.5	100.00	74.00	36.30	68.40

---

① 田禾：《中国法治发展报告（2019）》，社会科学文献出版社2019年版，第273—297页。

因行政执法引发大规模社会稳定风险，往往发生在行政权力受到高度质疑的社会环境。在和平、安全的社会环境，人民群众对于行政权力的运用相对具有较高的信任感，因行政执法引发社会稳定风险属于偶发现象。由于广州近年来经济高速增长，人民群众对于行政机关的信任程度整体上升，因行政执法引发大规模社会稳定风险的可能性较小。值得注意的是，由于人口迅速增加，尤其是外来人口日益增加，传统的社会结构发生变化，社会管理难度增大，不仅对行政执法提出权力来源、执法规范等要求，也对行政执法的方式、手段提出更新的挑战。

随着社会迅速发展，行政执法的数量和频率较高，广州需要高度重视因行政执法引发社会稳定风险的情况，尤其是对涉及外来人口的行政执法引发的社会稳定风险予以高度重视。2019年年末，广州市常住人口1530.59万人，城镇化率为86.46%。年末户籍人口953.72万人，城镇化率为79.90%（见表6-5）；全年户籍出生人口13.98万人，出生率14.86‰；死亡人口4.83万人，死亡率5.14‰；自然增长人口9.15万人，自然增长率9.72‰；户籍迁入人口21.05万人，迁出人口4.30万人，机械增长人口16.75万人。[①]

表6-5　广州市2019年年末常住人口、户籍人口和城镇化率

地区	常住人口（万人）	城镇化率（%）	户籍人口（万人）	户籍人口城镇化率（%）
广州市	1530.59	86.46	953.72	79.90
荔湾区	101.20	100.00	75.59	100.00
越秀区	120.97	100.00	117.29	100.00
海珠区	172.42	100.00	106.73	100.00
天河区	178.85	100.00	96.57	100.00
白云区	277.96	81.04	108.02	65.05
黄埔区	115.12	91.66	56.22	83.55

---

① 来源：广州市统计局网站。

续表

地区	常住人口（万人）	城镇化率（%）	户籍人口（万人）	户籍人口城镇化率（%）
番禺区	182.78	89.28	103.35	91.24
花都区	110.72	69.02	81.13	56.86
番禺区	182.78	89.28	46.33	64.60
花都区	110.72	69.02	64.17	32.65
南沙区	79.61	72.89	98.32	58.27
从化区	64.95	45.11	953.72	79.90
增城区	126.01	73.16	75.59	100.00

注：城镇化率即城镇人口比重。
来源：广州市统计局网站。

根据国家卫生健康委流动人口服务中心等发布的《流动人口社会融合蓝皮书：中国城市流动人口社会融合评估报告No.1》，广州的常住流动人口达到900万以上，排在全国第二（见图6-5）；常住人口比例为66.72%，位列全国第一（见图6-6）。这体现出广州的就业机会较多，公共服务能力较好，城市吸引力较强，也显示出广州面临较为普遍的外来人口管理和公共服务压力。

广州因行政执法引发的社会稳定风险，相对集中在公安执法领域。近年来，随着公安出警日益规范，社会稳定风险警情主要体现在群众对于警察执法行为合法性的质疑，并通过网络迅速传播引发对人权保护的讨论，成为引发网络热点的舆情。

影响较大的行政执法引发的社会稳定风险案件中，多与外来人口密切相关。2000年以后，因为行政执法引发较大社会影响的事件是"孙志刚事件"。广州媒体的持续报道引发较大社会影响，当年国务院废止了实施多年的《收容遣送办法》，开始施行《城市生活无着的流浪乞讨人员救助管理办法》。

广州近年来的社会稳定风险热点显示，因行政执法引发社会稳定风险的原因，主要集中在以下三个方面：一是由于信息传播便捷，当行政执法成为社会热点问题时，往往伴随大量不

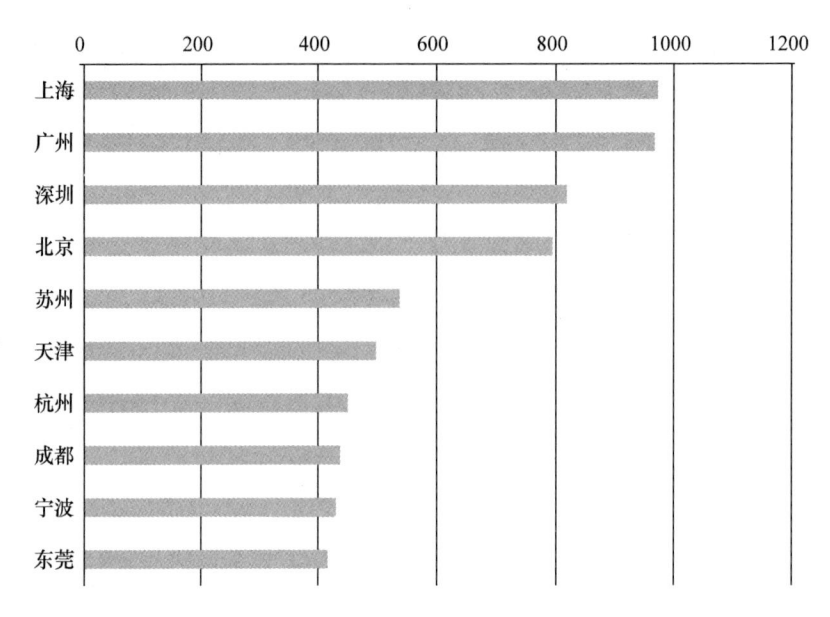

图6-5 常住流动人口数量（万人）

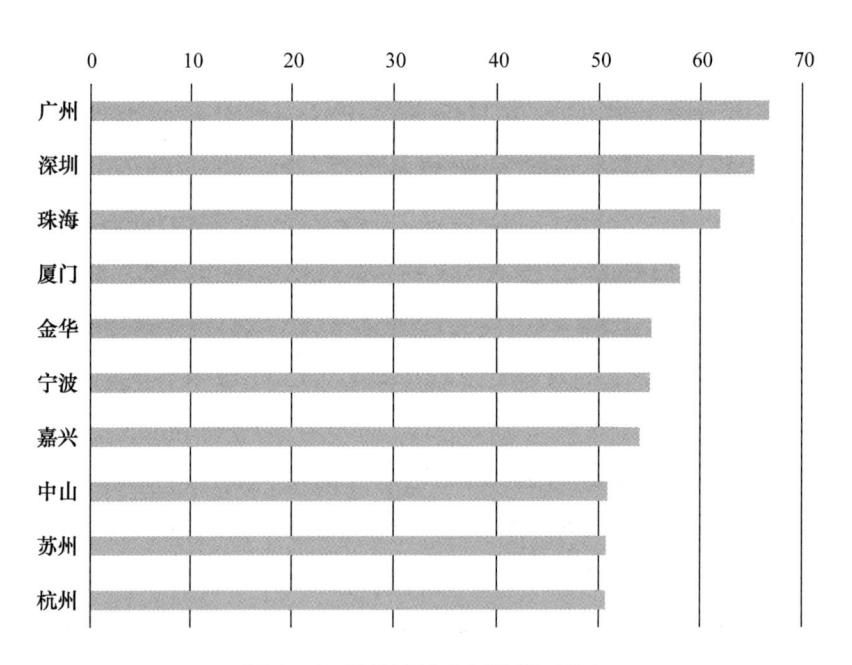

图6-6 常住流动人口比例（%）

真实的消息传播，一些夸大事实、哗众取宠的信息通过微信、微博迅速传播，时常引起公众误解。社会公众由于法律意识的提高，会选择主动关注行政执法是否规范，对行政机关执法行为的合法性提出质疑。二是媒体传播引发公众关注程度提升，时常引导公众关注视线偏离事件本身，而媒体对事件现象背后原因的挖掘，往往导向国家制度、行政程序甚至公职人员贪腐违法犯罪等短期内无法得到根本性解决的问题，将事件解决导向困境。三是行政执法水平尚待提升，尽管我国行政执法日益规范，广州的行政执法公开走在全国前列，但是行政执法水平仍然需要提高。面对公民提出的执法依据、执法程序质疑，执法部门和执法人员的回应能力仍有待提升。

针对流动人口基数较大、管理工作相对复杂的情况，广州不断创新流动人口管理服务机制，在行业组织、同乡会等不同类型传统组织逐步成长的同时，部分街道在同缘聚居的外来务工人员中采取建立流动党支部的方式，发挥基层党组织在社会管理服务中的促进和保障作用，成为应对流动人员治安管理、维护社会稳定的有力措施。以三元里街道为例，当地的松柏社区有近万名来自湖北从事印刷业的外来务工人员，由于工作辛苦、行业竞争以及本土外乡冲突等，他们的有效治理成为促进当地和谐发展的重要课题。为此，三元里街道采取"双线管理"模式组建"荆楚印刷工党支部"，引导外来务工人员推选出政治过硬、事业有成的同志担任党支部委员，形成流动人员党支部自我管理的和谐局面。荆楚印刷工党支部发挥党组织的核心作用，及时调解纠纷，化解矛盾，减少不和谐因素，搭建起地方管理者、群众和外来务工人员之间的沟通渠道，促进当地治安和谐和社会稳定。在未来，通过各种基层组织尤其是基层党组织管理服务创新模式，作为治安防范和社会稳定工作的抓手，值得在广州的社会治理领域进一步深化和推广。

三 大型群体活动引发的社会稳定风险

重大活动是在国家或地区范围内具有一定规模和影响的综

合性社会活动，其准备过程、参与方式和社会影响本身与国家或地区的社会治安息息相关。随着广州积极融入全球城市网络，在建设枢纽型网络城市中全面对接国际规则，在经济文化等领域深度参与国际竞争与合作，面向全世界集聚高端要素，举行了一系列具有国际影响力的重大活动。对于重大活动面临的社会稳定风险，不仅要通过一般的社会治安防控体系进行预防和控制，还要针对重大活动的特殊需求，提升重大活动社会稳定风险的处理能力，完善和提高将社会稳定风险预警转化为防控措施的能力，增强重大活动的社会稳定风险防控。

广州近年来重大活动的举行中，社会治安总体情况良好。在重要的国际会议、体育和文化活动中，尚未发生影响较大的社会稳定风险。广州着力建设"一带一路"倡议枢纽城市，不断加强与"一带一路"沿线国家和城市的经济贸易往来，与沿线城市结为友好城市，并且共建空港联盟和港口联盟。为了提升城市国际化层次和水平，广州积极争取重大国际会议和交流活动落户，精心筹办的重要国际会议包括广交会、留交会、创交会、广州国际投资年会、世界航线发展大会、广州国际城市创新奖暨国际创新节，举办的大型体育赛事包括广州国际龙舟赛、广州马拉松赛、亚冠联赛、世界羽毛球锦标赛等，举办的大型文化活动包括国际纪录片节、国际漫画节、戏剧梅花奖、音乐金钟奖、中国图书馆年会、国际粤剧节、亚洲美食节等。此外，广州积极开展群众文化活动，2017年建成78个文化广场，开展群众性文化活动1.8万场。在上述活动中，由于事先积极筹备，充分运用各类平台、拓宽信息传播渠道、完善预约等措施，在活动中尚未发生影响较大的重大社会治安事件。

但是整体来看，广州举办重大活动的频率相对较高，规格较大，涉及人数较多，由此引发社会稳定风险的概率也较高。广州大型集会活动引发社会稳定风险的隐患主要集中在活动举行前后的人流高度聚集、人员难以疏散上。值得高度注意的是，重大活动引发的社会稳定风险不仅出现在活动现场，还出现在因重大活动而带来的人流变动较大的区域，如公共交通枢纽、集散地等。在公开报道中，自从2011年，广州每年度举办的国际灯光节人流量大，人口密集，尽管目前尚未发生影响较大的公共安全事故，但是具有发生践踏等意外事件带来公共安全风险的社会稳定风险隐患。

广州在每年年底举办的国际灯光节，是通过整合现有资源以市场化方式举办的年度公共文化盛事，具有较为广泛的国际影响，目前与法国、悉尼的灯光节并列为世界三大灯光节。广州国际灯光节在充分利用现有灯光的基础上，在花城广场至海心沙等现有景观照明基础较好的区域采用临时灯光装置及设施，通过模拟烟火、辅助水幕、人物、音乐表演等技术及艺术手段，发扬传统历史文化和艺术特色，突出中国和广州的地域特点。广州灯光节技术领先，效果梦幻，每年都吸引大批中外游客前往花城广场等区域欣赏主要灯光展示，不仅导致现场人流过多，而且使得附近的地铁站、公共汽车人流稠密。2017年10月27日开始的广州灯光节24天内观展人数超过800万人次；国际灯光节首日，广州地铁客运总量达到917.9万人次，较前一天增长14.7%，创工作日新高、历史客流第二。2018年由于灯光节开幕式主要观景场地花城广场的人流严重超出安全负荷，11月27日开始连续三日晚，广州塔灯光音乐秀全部取消，从11月29日起，市民可以通过官方微信号"广州国际灯光节"预约第二天的参观名额。尽管广州的重大活动没有爆发大规模的社会稳定事件，但是由于人口聚集引发的社会稳定风险隐患在一段时间内已然存在，并且集中呈现。

在重大公共活动引发的社会稳定事件中，2014年上海外滩跨年夜发生的踩踏事件，对于国内大城市举办大型群众性集会活动具有借鉴意义。

上海外滩踩踏事件背景：自从2011年，上海连续三年在外滩风景区举办新年倒计时活动。2015年的新年倒计时活动在外滩源举行，并向社会发布了活动信息。

事件过程：2014年12月31日晚22时37分，外滩陈毅广场东南角北侧人行通道阶梯处的单向通行警戒带被冲破，现场值勤民警竭力维持秩序，仍有大量市民游客逆行涌上观景平台。23时23—33分，上下人流不断对冲，在阶梯中间形成僵持，继而形成"浪涌"。23时35分，僵持人流向下的压力陡增，造成阶梯底部有人失衡跌倒，继而引发多人摔倒、叠压，发生拥挤踩踏事件。①

责任认定：一起对群众性活动预防准备不足、现场管理不力、应对处置不当而引发的拥挤踩踏并造成重大伤亡和严重后果的公共安全责任事件。

重大活动的社会治安风险因素较为广泛，既面临恐怖主义、极端主义和一般违法犯罪威胁，还要面临因人流过于密集引发的社会治安风险。由于近年来广州人口迅速增加，随着广佛同城等因素带来的人口流动变化，广州重大活动的社会治安风险主要集中在人流高度聚集的重大活动中。需要高度关注的是：一是在重大活动中可能出现一些有针对性的违法和犯罪预备行为，这些不法行为的隐蔽性和潜伏期较长，如果不能及时发现和预防，可能会在之后发生严重的违法、犯罪行为，扰乱社会治安和重大活动秩序。二是重大活动带来的人流增加本身可能引发的拥挤、踩踏风险。以广州灯光节为代表的人流密集现象，值得各级部门重视，需要加大力量予以防控。在人流量大的重大活动中，一旦现场发生违法、犯罪行为等社会治安事件，不仅影响局部的社会安全和稳定，还会影响活动现场以及整个活

---

① 吴凯、李治国：《上海公布"12.31"外滩拥挤踩踏事故调查报告》，《经济日报》2015年1月21日。

动的顺利进行,甚至发生群体性恐慌的公共安全事件。

由于大型集会活动多发生在室外空间,具体活动的开展与周围环境密切联系,人流走向具有动态趋势,所以当前大型公共活动风险的控制流程,应当以活动进展和空间为基础进行重点部位分析、风险控制设计,针对大型公共活动的风险预警作出不同等级研判,同时针对不同风险级别提出相应的安全管理措施,形成应对大型公共活动风险管理控制的宏观思路(见图6-7)。

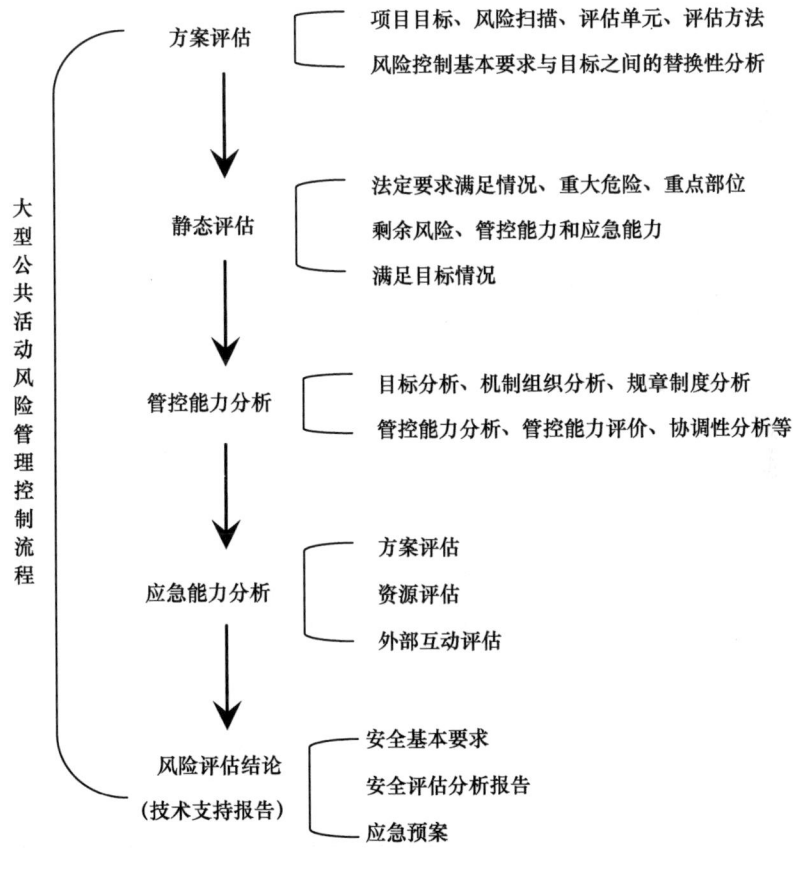

```
大型公共活动风险管理控制流程
│
├─ 方案评估 ──── 项目目标、风险扫描、评估单元、评估方法
│                风险控制基本要求与目标之间的替换性分析
│        ↓
├─ 静态评估 ──── 法定要求满足情况、重大危险、重点部位
│                剩余风险、管控能力和应急能力
│                满足目标情况
│        ↓
├─ 管控能力分析 ─ 目标分析、机制组织分析、规章制度分析
│                管控能力分析、管控能力评价、协调性分析等
│        ↓
├─ 应急能力分析 ─ 方案评估
│                资源评估
│                外部互动评估
│        ↓
└─ 风险评估结论 ─ 安全基本要求
   (技术支持报告)  安全评估分析报告
                  应急预案
```

图6-7 大型公共活动风险管理控制流程图[①]

[①] 王起全、金龙哲、向衍荪:《大型公共活动风险控制研究与分析》,《中国安全科学学报》2007年第1期。

随着城市发展，广州大规模群体性活动的数量必将有增无减，社会稳定风险隐患需要高度重视。首先，大力宣传大型群众性安全活动管理规定，避免无组织大型群众活动的社会稳定风险。对于有组织活动做到有预案，加强对于预案的论证；对于无组织活动，及时引导和干预，避免活动现场无序混乱，发生危险。同时，做好对旅游景点、地铁等人员密集与流动较高的公共场所的安全检查，完善应急导向标识，做好户外广播、宣传牌以及显示屏的风险提示，针对风险隐患制订整改方案和措施，定期组织召开风险演习，提高人们应对风险的能力。尤为重要的是，强化对重点时段人员密集场所的管理，做好现场疏导的人力、物力准备，提前发布预警信息，防止人流聚集、对冲，引导人流合理避险（见图6-8）。通过精细化的公共管理和服务措施，进一步提高全社会的公共安全意识和广泛的自纠能力。

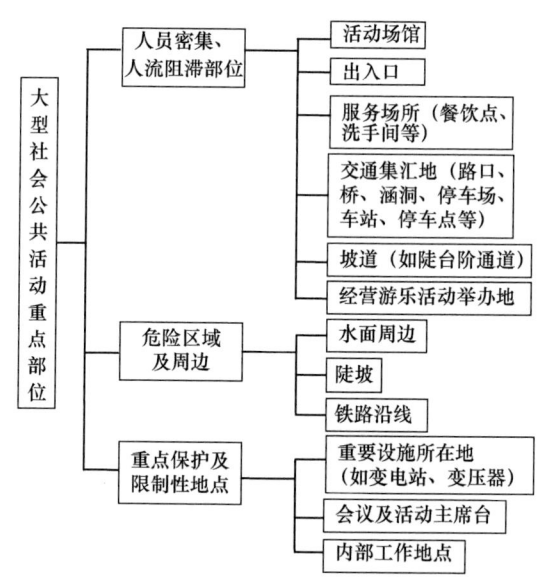

图6-8 大型社会公共活动重点部位分析[1]

---

[1] 王起全、金龙哲、向衍荪：《大型公共活动风险控制研究与分析》，《中国安全科学学报》2007年第1期。

突发公共安全事件的主要应对部门是相应行政管理部门的各级应急部门。2019年，广州应急管理局成立，履行原安全生产监督管理、民政、水务等部门应急管理职责，主要包括：指导全市各区各部门应对安全生产类、自然灾害类等突发事件和综合防灾减灾救灾工作，负责安全生产综合监督管理和工矿商贸行业安全生产监督管理工作，拟订应急管理、安全生产等政策，统筹全市应急预案体系建设，牵头建立统一的应急管理信息系统，组织指导应对突发事件工作等。当前，应急管理局需要进一步整合原分属不同单位的应急职责，与规划和自然资源局等部门在自然灾害防救、物资储备、安全生产监督管理以及石油天然气管道保护方面进行职责分工，全面提升应对突发事件的能力。

第七章 近年广州社会治理模式的宏观路径

应对社会稳定风险需要更加积极的社会治理建设,需要治理体系进行深刻变革和全面提升治理能力。2018年3月,习近平总书记参加十三届全国人大一次会议广东代表团审议时,要求广东以新的更大作为在营造共建共治共享社会治理格局上走在全国前列。习近平总书记的要求体现出党和国家对广东发展的殷切期待。改革开放40多年来,广州不断探索地方治理创新模式,围绕国家公权力运行,形成以人民群众广泛参与为主线的社会治理格局,在公权力运行领域打造了从参与、协商向多元化发展,不断提高公众参与质量的共建共治共享治理模式,为应对社会稳定风险、维护经济社会秩序、促进城市和谐发展奠定坚实的常规社会治理基础。当前,进一步夯实常规社会治理创新实践成果,并将其延展到突发性社会稳定风险的防控中,是广州社会治理与社会稳定风险防控的基础性工作。

在打造共建共治共享社会治理格局中,权力运行模式的改革创新发挥引领作用,这是我国长期主要由权力运行主导地方治理的结果,也是社会治理日趋复杂对权力运行提出的要求。围绕社会治理相关国家权力的运行,广州不断探索创新模式,在立法权、行政权以及司法权运行领域深化改革:在科学立法维度打造参与式立法,在地方立法中涵育城市法治精神和市民参与意识;在依法行政范围进行协商式治理探索,通过拓展行政权力运行的方式破解地方治理难题;在公正司法层面展开多元化纠纷化解延伸,通过司法权的柔性施展解决社会矛盾并培育新型治理主体。广州权力运行领域的共建共治共享实践呈现出以下逻辑:公众参与是改革创新的主线,从立法、行政到司法领域,公众参与质量不断提升,公权力建构社会秩序的理念从社会管理向社会治理转型,国家与社会关系从权威模式向商议—合作模式转型。在未来,将每种权力运行模式拓展出应对社会稳定风险的专门领域,将有助于从根本上建构广州应对社会稳定风险的公权力社会治理体系。

一 在地方立法中开展参与式立法

应对社会稳定风险中,地方立法是城市治理可以推进的有效措施。它可以回应人民群众较为普遍的呼声,规范相对广泛的行为。广州应当通过进一步推进参与式立法,促进人民群众参与应对社会稳定风险的地方立法活动,通过地方立法权的运用,提升地方应对社会稳定风险的治理体系和治理能力。

参与式立法是广州科学立法实践的鲜明特色。它是指公众在相关制度安排和保障下,通过一定方式和渠道参与立法,表达利益诉求的立法过程。参与式立法明显改善了以行政机关、执法部门为主导的立法对公权力的倾斜,使地方立法向着保护人民权益、限制公权力运行的方向迈进。在打造共建共治共享社会治理格局中,相对于行政权和司法权的运行,地方立法成为广州依法治市的逻辑起点,开辟了地方治理的公众参与路径。广州的参与式立法主要表现为,在地方立法中扩大公共参与,通过广泛吸收专家、市民意见开展地方立法,在促进立法内容贴近社会实际的同时,涵育城市法治精神和市民参与意识,为发展中国特色社会主义民主政治奠定基础。基于地方立法权限,广州的参与式立法模式主要体现在近年来制定政府规章和地方性法规方面。

（一）制定政府规章中的公众参与

根据2007年制定的《广州市规章制定公众参与办法》，公众参与是指公众参与规章立项、起草、审查、实施等环节并提出意见，行政机关决定是否采纳并及时反馈的活动。关于规章立项，公众可以通过信函、传真、电子邮件等书面方式向市政府法制机构提出规章制定、修改或者废止的意见；关于规章起草和审查，规章起草部门应当通过座谈会、论证会征求公众意见，也可根据拟制定规章影响的范围、受影响类别、影响程度等情况，通过问卷调查、开放式听取意见、听证会等方式广泛征求公众意见。

《广州市规章制定公众参与办法》施行后，《广州市商品交易市场管理规定》等行政规章严格遵循公众参与的方式与程序制定，在立项阶段向社会公告规章制定的目的、内容、依据以及公众提出意见的程序和期限等；通过电子邮件、召开行业协会和座谈会等途径听取公众对规章起草的建议，并在此基础上形成草案；公开发布草案，通过信函、来电、听证会和专家座谈会等方式，征求公众对草案的意见和建议，通过吸纳合理建议，修改草案形成送审稿。[①]自2007年9月，广州市人民政府法制办公室网站已公布60余项关于行政立法的"公众参与情况说明"。

（二）制定地方性法规中的公众参与

自从1987年制定第一部地方性法规，广州率先建立立法顾问与立法咨询专家论证制度，开展网络民主立法，在全国人大系统开设第一个立法官方微博、官方微信，举行全国首个网上

---

① 李晓波：《论公众参与地方立法的法制意义》，《华南理工大学学报》（社会科学版）2016年第1期。

立法听证会，编写全国人大系统第一本《立法业务指南》。①《广州市规章制定公众参与办法》实施后，广州地方性法规的制定，也遵循了相应的公众参与程序设置。2009年制定《广州市展会管理条例》时，前期发布征求意见公告，此后通过《新快报》等媒体对征求意见稿的主要制度和焦点进行报道，召开行政相对人座谈会和专家论证会，广泛征集公众意见。2012年、2014年，广州市人大常委会分别举行《广州市社会医疗保险条例》《广州市公园条例》网上立法听证会，点击量达1220.84万人次、1326.18万人次，投票和评论达6353人次、689903人次，网友发表了919条、792条评论、意见和建议。②

在扩大地方立法的公众参与中，政论性电视节目《羊城论坛》影响力较高。自1992年以来，论坛以"国事家事天下事，你谈我谈大家谈"为主旨，吸引观众参与地方立法讨论，有力促进了立法工作。第一期论坛关于《广州市禁止销售燃放烟花爆竹管理规定》的讨论，发挥立法动员与法制宣传效果，被《人民日报》誉为"广州的奇迹"；第14期的"城市规划大家谈"，为制定《广州市城市规划条例》提供思路与参考。自开播以来，广州多部地方立法经过论坛讨论征集意见、宣传贯彻。

通过吸纳人民群众广泛参与地方立法，广州的参与式立法实践取得扩大立法宣传、丰富立法内容、促进立法实施的效果，通过增加地方立法的公众参与数量，广州的参与式立法践行了中央系列文件提出的立法协商要求，使《中华人民共和国立法法》规定的"听取意见"等内容在地方立法中落到实处。在应对社会稳定风险的地方立法中，广泛吸纳公众参与是将人民群众对防范社会稳定风险的意见纳入地方治理体系的重要途径。

---

① 张西陆：《广州市人大立法30年共制定地方性法规148件》，《南方日报》2016年11月23日。

② 广州市人大常委会：《推行网上立法听证，扩大公众有效参与》，中国人大网（http://www.npc.gov.cn/npc/lfzt/rlyw/2015-09/25/content_1947234.htm）。

二 在行政管理中探索协商式治理

协商式治理是广州对依法行政的实质拓展。它主要指行政机关引入社会力量参与地方治理，通过公众协商解决社会问题。如果将行政权力严格依法运行界定为依法行政，那么，针对法律尚未作出明确规定而仅凭公众力量无法承担的社会问题，将社会力量纳入治理体系，通过协商形成治理决议，在政府支持下展开的协商式治理，就可以界定为依法行政的拓展。这有助于缓和行政权力运行时严格的程序限制，有利于改善法律缺位带来的治理困境。广州在依法行政基础上拓展的协商式治理模式，通过对各类社会力量和社会机制的培育，使较为棘手的社会问题处于政府可控的范围之内，同时确保处理机制的自由和灵活。广州在重要项目建设、行业工资等事项中，对协商式治理模式的运用较为成功。

涉及重大利益纠纷的社会稳定风险防控中，协商式治理模式具有积极的意义。如关于城市建设项目公共决策的"同德围公咨委"、关于工资集体协商的"开萝模式"，都在消解潜在社会稳定风险方面取得了积极的效果。拓展协商式治理模式的适用范围，建设公共协商与权力部门的对接渠道，是广州探索应对重大利益冲突引发社会稳定风险治理模式的方向。

（一）重要项目公共决策咨询的"同德围公咨委"

同德围是位于广州市白云区西南部白云区、越秀区、荔湾区的交界区域。1994年，同德街道设置时规划人口13万人，2012年当地实际人口超过30万，由于公共服务设施未能同步匹配，居民面临出行难、上学难、看病难等问题。2012年年初，市政协委员韩志鹏提出同德围整治议案，对此市领导提出"同德围整治要全民参与"。此后，"同德围公众咨询监督委员会"（简称

"同德围公咨委")设立,拉开广州以"公咨委"开展地方治理问题的帷幕。同德围公咨委委员共37人,其中8名来自人大、政协、企业、媒体,29人为同德围居民。同德围公咨委通过召开会议、发放问卷、公布邮箱等方式,收集群众意见1029条,将其归纳为城建、治安、教育、交通、医疗五类,总结出迫切需要解决的12项问题,提交给同德围综合整治领导小组。对此,市政府以建设"幸福同德围"为宗旨,制定了"9+1"重点整治项目,白云区政府以"发展同德围"为目标制定了"1+9"工程。在同德围综合整治具体推进中,公咨委继续发挥协商平台、协商监督、协调矛盾的作用(见表7-1)。在"南北高架桥工程"建设中,由于规划路线从城中村、铁路、住宅小区附近经过,沿途居民、物业权属人对建设方案不能形成一致意见,导致施工一再延误,甚至面临放弃风险。在公咨委主持和参与下,居民、建设方经过多次讨论,在两个西线方案、三个东线方案中反复协商,最终促成居民作出利益让步,形成建设方案。此外,同德围公咨委还参与建设部门组织的变电站施工解释说服工作,促进化解"邻避效益"带来的城市建设阻碍。经过数年的协商共治,同德围居民的生活状况得到明显改善。

广州市政府在公众参与制度建设方面,不断出台新的举措。2013年,《广州市重大民生决策公众意见征询委员会制度(试行)》出台,规定政府提供基本公共服务,保障重大政策措施的制定与调整等关系市民切身利益且涉及面广的重大民生决策事项,原则上均应成立公众意见征询委员会,先征询民意后做决策。2018年,《广州市重大民生决策公众意见咨询委员会工作规定》出台,成为广州目前规范"公咨委"的重要文件。它规定重大民生决策之前,政府主办部门可根据需要成立公众意见咨询委员会,吸纳专业人士、市民代表等人员(包括有利益关系的市民或团体代表)参与对拟议决策事项的讨论,其讨论意见作为政府决策的重要参考。公咨委遵循"一事一会"的原则,在决策事项拟议阶段成立,到决策完成时终止。政府主办部门充分尊重公咨委的意见和建议,对委员会提出的意见建议无论采纳与否均及时反馈、说明理由。

表7-1　　　　　　　　同德围综合整治措施

机关	广州市政府	白云区政府
宗旨	"幸福同德围"	"发展同德围"
名称	"9+1"重点整治项目	"1+9"工程
内容	地铁八号线北延段地质勘探工程	田心村城中村改造
	北环高速上步桥底涵洞改造工程	横滘商业步行街修复工程
	广清高速路庆丰收费站辅道改造工程	粤溪商业综合楼
	同德花园同雅东街通往石井河岸边道路	粤溪大街商业楼
	鹅掌坦垃圾压缩站扩建工程	陶瓷街鞋服中心
	同德公园工程	同康路商务大厦
	公共厕所工程	恒丰商务酒店
	新建中学工程	地铁上步站商业广场
	泽德医院工程	地铁同德围站发展项目
	南北高架桥工程	地铁鹅掌坦站周边改造项目(同德商贸城)

(二) 劳资集体协商的"开萝模式"

2009年,广州开发区电子及通信行业协会成立。2011年,开发区电子及通信行业工会联合会委员大会成立。工会联合会委员大会成立当天,安排了行业工资集体协商启动仪式,由工会联合会首席代表向行业协会会长递交工资集体协商要约书。此后按照工资集体协商程序,开展行业工资集体协商工作,于2011年签订首份行业工资集体协议。2012年6月底,行业协会召开理事会议,逐条商讨"广州开发区、萝岗区电子及通信行业工资集体协议(征求意见稿)",经过综合各理事单位建议,投票表决协议获得通过。随后,经过征求各会员单位意见,通过该协议的修改意见。7月24日，工会联合会主席及协会会长签订本年度行业工资协议，共覆盖238家企业，11万多名员工，协议在区劳动局报备后公布。此后，每年电子及通信行业工会联合会按照既定程序与行业协会进行行业工资集体协商，形成"协商主体对称、工会主导协商、确定工资指导线、企业经济效益兼顾员工工资增长"等特征的行业工资集体协商"开萝模式"。①

广州开发区、萝岗区和黄埔区合并后，"开萝模式"拓展到其他行业和部门，协商内容由工资集体协商推广到集体合同等劳动关系集体协商上。广州市陆续改革劳动关系三方协商机制，通过施行一系列法规文件规范劳动协商，于2012—2014年施行了《广州市劳动关系三方协商规定》《广州市劳动关系三方协商会议议事规则》。2018年，广州市总工会初步确定20—30个涵盖区域、行业和企业三个层面的试点单位，拟在行业企业试点组织相关专家论证，在掌握企业销售收入、利润、资产负债、资产损失、上年度职工工资总额和职工平均工资等数据基础上测算出客观、适用的工资集体协商参考标准，制定统一的工资集体协商"参考公式"向全市推广。②

通过协商式治理，行政权力的覆盖范围得以拓展，依法行政在更加宽泛的意义上得以实施。在重要项目公共咨询以及工资集体协商中，政府通过引导公众参与及有序协商，实现公民和权力部门共建共治，共同探寻更优异的制度安排。此外，包括旧楼安装电梯、农村"三资"管理等不同类型的协商，都拓展了行政权在地方治理中的运用空间，破解了单纯依靠行政权力运行无法回应的治理难题。对于社会稳定风险来说，协商式

---

① 广东省总工会基层组织建设部：《创新行业工资集体协商"开萝模式"》，(http://www.gdftu.org.cn/ghyw/jtht/201212/t20121206_341969.htm)。

② 罗瑞雄、叶小钟、罗清峣：《广州：工资集体协商将有"参考公式"》，(http://acftu.workercn.cn/33/201807/07/180707075744928.shtml)。

治理是从源头化解风险的治理模式，应当在不同类型的治理实践中予以推广和探索创新。

三 着力打造多元化纠纷解决机制

多元纠纷化解是司法权柔性施展的延伸探索。随着社会矛盾日益呈现，纠纷化解成为社会治理的重要内容。由于司法机关案件数量多、办案力量不足，广州不断探索替代性纠纷处理机制。多元纠纷化解机制指传统诉讼以外的各种解决纠纷方法的总称，以主持纠纷解决机构的性质作为标准，分为法院主导的多元纠纷化解、以仲裁和律师调解为主要内容的社会领域纠纷化解两类。

（一）两类多元纠纷化解机制具体解析

1. 法院主导的多元纠纷化解

围绕法院调解，荔湾区探索"党委领导+法院引导+街道配合"矛盾纠纷多元化解模式。基于辖区内劳资纠纷、专业市场纠纷多发的特点，荔湾区人民法院摸索出加强相关部门联动，引导形成"1+9+5+1"的工作模式：在立案庭设立诉前联调办公室，在工商分局等地设立9个诉前联调派驻点，在鹤洞等地设立4个社区法官工作室，在电子商务协会设立1个商事法官工作室，在各工作室及派驻点打造法院和行政部门"一站式"联动纠纷解决平台。通过"法院+工会"化解模式，集中化解劳资纠纷，2017年通过诉前联调方式化解纠纷3461件，标的额8000多万元，自动履行率达100%。[①]

南沙自贸区法院商事调解中心化解涉外商事纠纷取得积极效果，在粤港澳法律服务深度合作上进行改革创新。2014年，

---

① 广州政法：《"党委领导+法院引导+街道配合"，广州荔湾区推动矛盾纠纷多元化解》，（http://www.gzszfw.gov.cn/Item/10606.aspx）。

南沙区人民法院在全国率先聘任港澳籍人民陪审员，先后与香港南沙联谊会、澳门南沙商会签署会商纪要，建立港澳商会协调机制。2015年，南沙自贸区法院成立，设立商事调解中心。自贸区商事调解中心有12家特邀调解组织、45名特邀调解员。特邀调解组织包括政府机构、事业单位、行业协会、社会团体组织等；特邀调解员来自各个行业，其中7名来自香港和澳门。因香港法律的查明和认证需要耗费大量的时间与金钱成本，2017年3月，双方当事人共同选择香港执业大律师作为特邀调解员进行诉中调解。经过一小时的调解，双方当事人达成一致意见，当场签订调解协议。

2. 社会领域的纠纷化解

中国广州仲裁委员会近年来受案数量、受案标的持续上升，始终位于全国前列，成为多元纠纷化解的重要力量。2017年，广仲共受理案件（不含智能仲裁、和解调解对接）89530起，总标的556.187亿元，同比2016年增长226.95%和27.38%；通过网络仲裁受理网络案件共70079起，标的35.61亿余元，其中，互联网金融案件占85%。经过20余年的建设，广州仲裁委员会形成素质卓越的仲裁员以及工作人员队伍，受理涉外案件的数量以及增长幅度明显超过国内同类仲裁机构，通过积极探索国际商事仲裁规则的制度创新，已经发展成为国内国际商事仲裁的领军机构。2017年以来，最高人民法院连续发布《关于仲裁司法审查案件报核问题的有关规定》《关于审理仲裁司法审查案件若干问题的规定》《关于人民法院办理仲裁裁决执行案件若干问题的规定》《关于仲裁机构"先予执行"裁决或者调解书立案、执行等法律适用问题的批复》，强化司法对仲裁的支持和监督，提升仲裁在纠纷化解中的地位，完善了仲裁活动与司法活动的衔接，促进仲裁活动在化解纠纷中的规范与科学。

在社会领域纠纷化解中，律师调解在广州积极开展。2017年10月，最高人民法院、司法部《关于开展律师调解试点工作的意见》将广东纳入律师调解试点地区，明确规定律师调解是指以律师、依法成立的律师调解工作室或者律师调解中心作为中立第三方主持调解，协助纠纷各方当事人通过自愿协商达成协议解决争议的活动。2017年11月底，华南地区首家专业从事婚姻家事业务的律师事务所——广东成说律师事务所开业，同时正式成立广州首家律师事务所家事调解中心。2017年12月，市中级人民法院、市司法局签约成立申诉案件代理及调解律师工作站，标志着全市首家由司法局指派律师在法院开展申诉案件代理及调解工作的服务平台正式运行。2018年3月，"广州市律师协会律师调解中心"正式挂牌成立，市律协遴选首批308名资深律师担任中心调解员。2018年4月，"广州市天河区调解中心"及"广州市律师协会（天河）律师调解中心"在天河区司法局举行揭牌仪式，广州首家区级律师调解中心正式成立。

通过多元纠纷化解，司法权的适用获得有力的新鲜血液，公正司法的主体日益多元化。多元纠纷化解为法院提供了司法审判以外的解决矛盾冲突的方式，为社会问题的化解赋予了柔性。从公众参与的角度，多元纠纷化解使社会力量发展成为社会治理主体，促进仲裁机构、律师事务所等广义的社会组织履行更加积极的社会责任，发挥维护公共秩序的作用。

对于劳动纠纷、环境污染等既是传统诉讼类型又是当前社会稳定风险重要隐患的社会治理问题，当前应当积极探索多元纠纷化解渠道，扩展相应社会稳定化解的参与主体和解决途径，使人民法院、行政机关、社会组织共同参与到社会稳定风险的防控中，形成联防联控的社会动员、社会组织机制，促进治理体系和治理能力现代化。

（二）公权力运行共建共治共享的实践逻辑

改革开放40多年来，广州在立法、行政、司法领域进行积极探索，围绕地方治理在国家公权力运行领域创新工作模式，在营造共建共治共享社会治理格局层面形成参与式立法、协商式治理和多元纠纷化解全覆盖、立体化的地方治理体系（见图7-1）。广州公权力运行领域的共建共治共享实践呈现出以下逻辑。

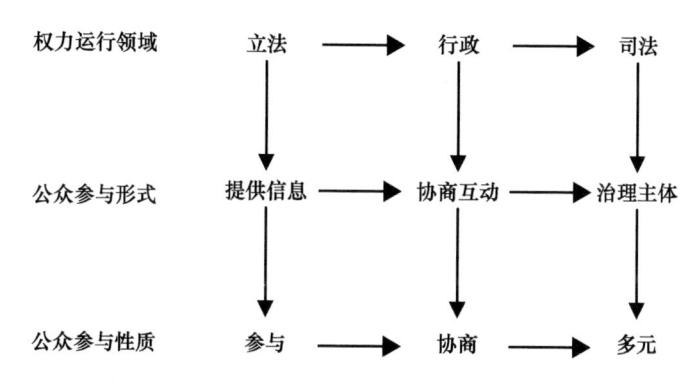

```
权力运行领域      立法    →   行政    →   司法
                  ↓           ↓           ↓
公众参与形式     提供信息  →  协商互动  →  治理主体
                  ↓           ↓           ↓
公众参与性质      参与    →    协商    →   多元
```

图7-1 广州社会治理领域公权力运行模式创新

第一，公众参与是立法、行政以及司法领域改革创新的主线。参与式立法的核心是增加公众参与立法的人数，丰富立法信息，在地方立法中扩大参与者的数量，将市民、专家的意见纳入治理体系。协商式治理的基础和前提条件是群众参与，受到治理措施影响的相对人与权力主体共同协商形成治理措施。多元纠纷化解的本质是吸纳社会力量参与到纠纷化解之中，将社会领域的专业力量发展成为治理主体。可见，广州在立法、行政以及司法领域的改革围绕扩大公众参与这条主线展开，体现出以人民为中心的地方治理宗旨。

第二，从参与、协商到多元的转化，体现出公众参与质量的提升。参与式立法可增加公众参与人数，但公众参与相对侧重于提供立法信息；协商式治理可改善行政权运行模式，使社会力量与行政机关成为共同治理主体；多元纠纷解决途径增加社会矛盾化解主体，使社会力量成为纠纷化解方——独立治理主体。在上述三种形态的政治参与中，公众从普通参与者、共同治理者发展成为独立治理主体。相对而言，公众越接近权力运行主体，在社会治理中越发挥积极的作用，体现出社会力量参与地方治理质量不断跃升的趋势。

第三，公权力建构社会秩序的理念从社会管理向社会治理转型。从国家视角出发，基于国家权力建构社会秩序的努力，视为社会管理；从社会角度出发，基于社会力量建构社会秩序的努力，视为社会治理。① 从参与、协商到多元化的公权力运行模式转型探索中，社会力量参与到社会秩序建构，再与权力体系相结合共同启动社会治理，实现社会管理向社会治理的转型。公权力与社会力量合作治理，打破基于国家强力行政管理机械、僵硬的局面，使社会秩序的建构呈现出多元治理趋势。

第四，国家与社会关系从权威模式向商议—合作模式转型。在传统的权威体系中，国家与社会是治理主体和对象的关系，双方通过权力自上而下运行实现行政管理，公民和公共事务在一定程度是公权力运行的对象。在现代治理理论中，治理主体不再局限于权力部门。与政府相关，但超越政府组织体系的各类权力相互依赖的多种行为主体，都可以成为治理主体。这些治理主体以超越行政权威的方式为社会发展寻求破解之道，实现公共权威的多元化和政策执行主体的分散化。广州公权力运行领域的改革创新，在促进群众参与、协商到发展成为治理主体的过程，实现国家与社会关系逐步从权威模式向商议—合作模式的转化。

（三）深化社会治理格局构建

为了从根本上维护社会稳定，进一步深化建设共建共治共享社会治理格局，未来广州应当继续深化权力运行模式转型，界定吸纳公共参与的领域和空间，建设回应型政府。

首先，界定吸纳公众参与权力运行的空间，确保权力运行

---

① 林尚立：《协商民主：中国的创造与实践》，重庆出版社2014年版，第104—105、112页。

模式创新确有必要，共建共治共享的实践符合法律规定。基于权力控制与公众参与的关系，在理论上，权力运行存在四个领域（见图 7-2）。一是权力严格依法运行领域，主要指法律已经作出明确规定的空间（见图 7-2A 区）。在此领域，权力部门应当严格依法用权，不懒政，不怠政。二是共建共治共享领域，主要指社会力量和权力部门难以独立建设的公共治理空间（见图 7-2B 区）。在此领域，应当积极探索共建共治共享实践。三是法律未作出明确规定，社会力量有能力自行建设的空间（见图 7-2C 区），应当鼓励社会自治。四是私生活领域，公权力无须干涉（见图 7-2D 区）。探索公权力领域的共建共治共享时，应当将创新领域限定在图 7-2B 区，从国家与社会关系转型的宏观视角，在促进地方治理体系和治理能力现代化的具体层面，有序引导、鼓励公众参与，逐步提升公众参与质量。

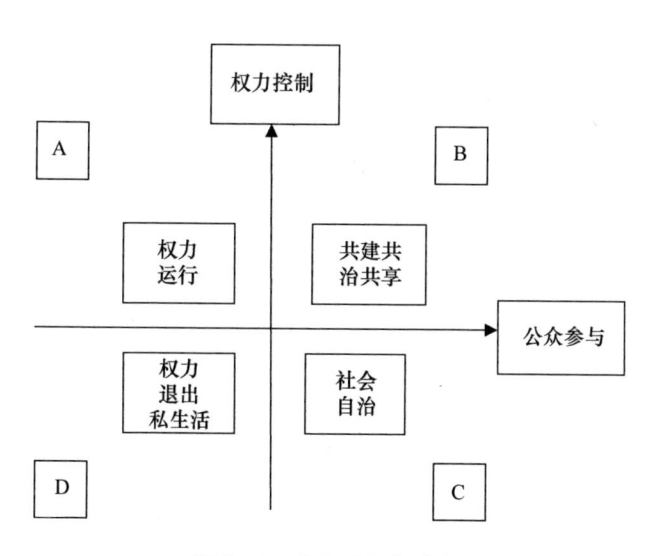

图 7-2 公权力运行空间

其次，积极建设回应型政府。回应型政府以公共治理为理念，以解决公共问题、社会问题为责任，具有自觉、稳定、可持续的回应机制。它以政府与社会平等合作为治理模式，体现出以民为本、服务导向、及时反应、依法治理等基本特征。[①] 在回应型政府的建设中，一是应当基于公权力类型确定公众参与边界；二是应当针对社会力量从参与、协商到多元化的发展，确立不同类型回应机制。地方立法中，针对立法参与确定信息反馈机制，在确保人大主导立法前提下扩大公众参与，使群众意见和建议得到关照。基层治理中，在依法行政基础上引导社会力量协商共治，使行政权力在难以直接运行的领域发挥引导作用，探索不同类型的协商治理模式，保证协商平台有序运转，协商组织有始有终。纠纷化解中，在公正司法前提下，鼓励社会力量开展纠纷化解活动，建设多元纠纷化解程序与司法权的衔接机制，确保多元纠纷化解效力。

当前的重点是扩大地方立法的公众参与宣传，加强对基层协商共治的鼓励引导，增加对多元化纠纷解决机制的制度供给。

第一，扩大地方立法公众参与宣传。一是扩大立法宣传范围。当前，地方立法主要集中在行政法领域，相关的立法宣传应当侧重覆盖那些受到行政行为影响的行政相对人。促进行政相对人代表对地方立法提出建议，同时通过报纸、网络等宣传渠道，使所有受到影响的相对人提出的意见和建议都可以进入立法活动。二是丰富立法宣传形式。通过公益活动、电视节目、公布典型案例等方式开展立法宣传，使公众了解立法、法律实施过程以及公众参与立法的渠道和空间。三是在立法中进行协商讨论。在地方立法中建立协商讨论平台，使公众参与不是单向信息采集，而是双向协商互动，促进群众之间及群众与执法部门、立法部门的协商互动，确保地方立法具有合理性。

第二，加强对协商共治的鼓励引导。一是帮扶建立协商共治平台。在行政权力难以直接运用领域，政府以及社会工作部门帮扶社会力量建立协商共治平台。针对协商共治平台，提供

[①] 卢坤健：《回应型政府：理论基础、内涵与特征》，《学术研究》2009年第7期。

必要的人、财、物支持，使其能够有效运转。二是规范协商共治机制运行，侧重从规则建设角度规范协商共治机制的运行，对协商平台运行过程建立监督制度，使人员、财物、资产的管理依法依规。三是加强对协商共治经验的梳理和总结。对于已经取得成效的协商共治案例，及时总结梳理经验，探索推广模式；对于成效不突出的协商共治实践，及时分析存在问题，在基层治理中予以借鉴。

第三，增加多元纠纷解决制度供给。一是鼓励社会力量参与纠纷化解，进一步支持中国广仲和律师调解中心的发展，提高社会领域的纠纷化解能力。通过创新激励模式吸引优秀的仲裁、律师人才，为来自不同国家、通过不同方式开展工作的仲裁员与律师等纠纷解决工作者提供多种类型的薪酬待遇机制。二是向公众宣传多元纠纷化解制度，扩大对仲裁机构、律师调解中心的宣传，提升中国广仲的知名度，促进中外商事主体将纠纷提交中国广仲处理；加大律师调解宣传，引导争议主体选择律师调解方式解决争议。三是健全完善司法机关对多元纠纷解决的确认和执行机制。完善司法机关与仲裁衔接的机制建设，健全司法机关确认律师调解流程，确保多元纠纷解决文书能够得到司法确认，顺利执行。

第八章　广州应对社会稳定风险的具体建议

2020年年初的新冠肺炎疫情是对我国治理体系和能力的一次大考。全国各地在突发性疫情中的应对措施集中反映出地方政府的应急治理能力，系统呈现出地方治理主体长期以来在公共资源流动、回应人民群众需求等方面的治理水平和治理能力。当前，需要针对疫情以及公共卫生紧急事件落实应急管控措施，在疫情防控、复工复产的动态平衡中寻找政府及其他治理主体的合理定位。在此基础上，坚持长期不懈的社会治理模式创新，通过社会治理模式的深刻变革，应对城市结构变化，为包括应急管理在内的维护社会稳定与发展提供深厚的治理土壤。同时，在应对社会稳定风险中，加强公众舆论引导工作，形成统筹推进政治话语、学术话语、群众话语联动赋能的舆论宣传话语体系，建构能够及时发布权威信息、引导群众科学应对风险、凝聚广泛社会共识的社会稳定风险防控舆论应对机制。

一　积极落实应急管控措施

当前，我国正处于社会转型期，社会稳定风险的预警工作任务艰巨且责任重大。广州作为国家重要中心城市和粤港澳大湾区核心城市，提升社会稳定风险管控水平，对建设"最安全稳定城市"具有重要意义。

（一）管控社会稳定风险的意义

1. 是广州行政管理的重要内容

现代社会行政管理涉及社会生活的方方面面，社会稳定风险涉及行政权力运行的各个环节。在行政权力运行的各个领域，都有可能面对社会生活的风险隐患，这要求以行政权力为主要代表的公权力各个部门处理好社会稳定主体与客体、长效机制与应急机制、预控与事后应急等的关系问题。因此，管控社会稳定风险成为广州行政管理的重要内容。

管控社会稳定风险是广州守护市民幸福的必要配置。党的十九大报告指出，中国共产党的初心和使命是为中国人民谋幸福，为中华民族谋复兴。可以说，"人民幸福、民族复兴"是党的十八大以来以习近平同志为核心的党中央治国理政的出发点和落脚点。当前的社会治理应当着眼于提升居民的幸福感，使社会良性运行、人民群众安居乐业。在此前提下，管控社会稳定风险是广州市民幸福的必要条件。只有社会稳定风险处在管控范围内，城市治理才能实现党和国家为人民谋幸福的初心与使命。

2. 是广州完善治理体系的关键

党的十八届四中全会提出全面深化依法治国。党的十九大报告提出，全面依法治国是中国特色社会主义的本质要求和重要保障，要坚持全面依法治国、深化依法治国实践。广州的法治建设一直走在全国前列，近年来以转变政府职能为核心，以规范行政权力运行为重点，以提高政务服务水平为抓手，努力打造"全省领先、全国一流"法治政府。由于社会稳定风险管控涉及公权力的广泛运用，因此是广州推进依法治市的核心环节。

管控社会稳定风险，是在民主法治社会实施依法治理的先决条件。相当长一段时间内，我国的社会稳定风险管控处于被动式状态,即发生社会稳定风险之后,权力部门处于"头痛医头,脚痛医脚"的被动回应状态。这不仅影响了社会稳定风险自身的处置,也对风险波及领域带来不利影响。在经济转轨、社会转型期间,社会稳定风险管控应当具有"减压阀"和"调节器"的功能,通过管控风险化解矛盾,营造良好的社会氛围,避免特定领域长期"上访"和群体性事件的发生,促进各个领域协调发展。

管控社会稳定风险,是在民主法治社会实施依法治理的核心环节。在法治社会,权力运行需要在法律的框架之内,各项权力的运行要严格依照法定程序。由于社会稳定风险时常引发即时、综合的权力运用,处理不慎,就会导致较为广泛的社会影响。社会稳定风险应当纳入常态化的管控机制,在依法治理中成为核心环节,通过法治手段发挥"内在稳定器"的积极作用,通过多方主体依法联动而将社会矛盾解决在萌芽状态。这样,管控社会稳定风险就成为民主法治社会依法治理的核心环节,通过处理社会治理中最棘手、综合性的风险,避免群体性事件发生,防止"小事拖大、大事拖炸",从根本上保证社会稳定长效运行机制。

3. 是广州建设最安全城市的使命

广州正在创建最安全城市,提升社会稳定风险管控能力,可以系统强化城市安全。安全城市不是没有风险,而是提升风险管控能力,实现风险可防、可控、可治。

当今世界,和平与发展是时代主题,也是世界人民的普遍愿望。但是人类追求和平与发展的道路依然坎坷曲折,民族矛盾、宗教矛盾仍然存在,一些国家和地区冲突不断,局势动荡不安。中国尽管社会大局稳定,但维护国家安全仍是各项工作的重中之重。广州是中国改革开放的窗口,加强社会稳定风险管控,有助于通过及时发现社会稳定风险,化解风险,防止风险升级和蔓延,降低市民生命财产损失。管控社会稳定风险是广州实现城市发展模式转型和治理体系升级同步,建成最具安全感、国际一流城市的重要任务。

(二)提升社会稳定风险管控能力

广州城市经济人口体量大,中小企业比例高,这样的结构固然风险点多,但也为社会稳定风险释放提供较大缓冲空间,城市抵御风险能力强。如吉登斯指出的,所谓风险社会并非当代比以前更危险,而是由于新技术应用和全球化产生的与传统社会不同的社会特性,风险的范式发生变化。[1] 与之相应,城市社会稳定风险治理体系也应与时俱进。广州提升社会稳定风险管控能力,应当从以下几个方面着手。

1. 完善民生保障机制,增强群众获得感

尽管经过多轮持续改善,广州的社保覆盖率提升明显,但应该看到,仍有大量流动人口处于保障体制边缘,而且,如果中小企业持续经营困难,将带来大量人口失业。一是持续改善行政执法部门对中小企业的监管机制,既要严格禁止检查扰民、动辄停工的运动式执法情况,又要建立长期的支持政策,为中小企业经营者打造持续、稳定的营商环境。二是通过立法,允许低成本的小商小贩在法定区域和规定时间开展经营,吸纳流动人口就业。三是加强灵活就业人口服务。外卖小哥等游离于监管和保障边缘,近乎"流民"。无恒产者难有恒心,自古以来"安民可与为义,而危民易与为非"。广州应该加强灵活就业人口的保障机制建设,通过服务实现管理。四是加强失业人口调查和再就业支持,发挥基层社区业委会的能动性,鼓励居民互助式开展有偿服务,支持失业居民在社区就业。

2. 加大突发事件演练,确保公共安全

针对重大活动的社会稳定风险,广州应当从以下几个方面

---

[1] [英]安东尼·吉登斯:《现代性的后果》,田禾译,译林出版社2000年版。

着手提升管控能力。一是针对大型公共活动做好安全预案，针对恐怖活动等犯罪行为作出重点预案。当前，国际恐怖活动具有一定的组织性和规律性，在大型公共活动举行之前，应当加强对重点人员和嫌疑人员的排查，避免可疑人员和危险人员进入公共活动场地。二是针对大型公共活动场地情况制订人口疏散方案。在大型公共活动举行之前，检查容易引发踩踏的隐患场地，对其进行整改，避免危险情况发生；提高人口的疏散能力，举行大型公共活动前期，对人流的聚集途径和疏散渠道进行规划，避免人员高度聚集，且能够在人员集中时给予疏散引导。三是提高大型公共安全活动现场处置的科技能力，通过无人机、红外线设备进行安全排查和预警；加强安全宣传，对于在公共场所容易引发安全风险的物品加强检查力度，降低大型公共活动风险发生的概率。

3. 规范征地拆迁程序，疏导利益冲突

针对征地拆迁引发的社会稳定风险，广州应当重点从加大司法指导方面避免社会稳定风险。一是加强提升征地拆迁部门的法律意识，确保征地拆迁涉及的政府工作部门依法拆迁，有效应对人民群众的合法诉求，避免因征地拆迁违反法律规定引发社会稳定风险。二是加强法律宣传，引导拆迁对象通过法律途径解决拆迁中遇到的困难和问题，对于已经通过人民法院判决的拆迁活动，加强对法院强制执行活动严肃性的宣传，扭转人民群众"信访不信法"的错误观念。三是规范征地拆迁活动流程，对涉及农村集体经济组织的土地及建筑物的征地拆迁，要严格依据相关法律经过村民投票，在尊重村民表决权的前提下开展各项拆迁工作；在拆迁补偿、安置费的确定与发放过程中，制定严密的程序规则、监督制度，避免相关人员贪腐事件的发生，及时处置已经发生的纠纷、投诉，及时依法处置并澄清，避免群众误解。

4. 搭建劳资协商平台，稳定就业环境

针对劳资纠纷引发的社会稳定风险，广州应当重点强化失业救济和劳资协商机制建设。一是完善失业救济和再就业扶持政策，加大失业救济和再就业扶持政策的宣传，确保失业和再就业群体可以获得社会保险待遇。二是加强劳资协商机制建设，组建劳资协商平台开展集体协商、谈判，减少劳动者维权成本，依法保护劳资双方合法权益。三是进一步优化创新劳动争议调处机制，通过人民法院、仲裁机构、人民调解委员会的诉调对接，及时发现涉及劳动就业的社会稳定风险，将因劳动就业引发的争议纳入调解、仲裁以及诉讼渠道，通过常规有序程序化解因劳动就业引发的社会稳定风险。

5. 优化行政管理流程，舒缓执法对抗

针对行政执法引发政民对峙的社会稳定风险，广州应当重点增强行政执法规范性建设。一是重视执法人员的法律素质提升，确保执法人员能够及时告知执法对象执法依据，避免因执法初期沟通产生对抗情绪，使行政执法转化为冲突和对抗。二是严格落实行政执法数据以及全过程公开的相关规定，进一步使行政执法公开落到实处，做到通过行政执法公开回应社会公众质疑，避免社会稳定风险隐患发生。三是在行政执法全过程加强正面宣传引导工作，在敏感性的执法活动或者是已经具有不稳定因素的执法事件发生时，及时向社会公布发展动态，避免因留言传播引发社会稳定风险。

6. 严防意识形态风险，筑牢稳定底线

广州文化多元，社会宽容度高，与港澳人员、信息交流频繁，必须严加防范意识形态风险侵入。一是加强人员安全管控，不但要增强对广州本地人员到港的安全提示，还要进一步完善港籍人员在穗工作生活服务、引导，对敏感人员在穗活动提高警惕。二是加强信息安全管控，当前境外不法分子散布各种小道消息，煽动社会对抗，鼓吹暴力，严重干扰部分华人聚集区

域的正常秩序和人民生活安定，必须严防相关非法资料通过物流、快递、网络流入境内，混淆视听。三是加强活动安全管控，严防意识形态风险"嵌入"广州本地各种社会活动，或与其他社会风险结合，成为激化社会矛盾的"助燃剂"。

二 促进市域社会治理转型

党的十九届四中全会审议通过的《中共中央关于坚持和完善中国特色社会主义制度　推进国家治理体系和治理能力现代化若干重大问题的决定》（以下简称《决定》）提出，加快推进市域治理现代化。2019年12月初召开的全国市域社会治理现代化工作会议宣布，将启动市域社会治理现代化试点工作。广州应当把握先机，结合应对公共突发事件，探索建设市域社会治理现代化先行示范区，形成城市治理体系现代化、主体多元化、方式多样化、模式制度化和过程法治化的市域社会治理高地，就超大城市社会治理输出广州方案，推动广州"四个出新出彩"，实现老城市新活力，在全国发挥示范、引领和带动作用，推动国家治理体系和治理能力现代化，从根本上提升治理水平，为维护社会稳定提供坚实的治理基础。

2020年广东省委印发通知，要求广州全力推动实施"四个出新出彩"，实现老城市新活力。广州是国家重要中心城市，也是本次疫情防控的重点区域，结合应对公共卫生突发事件，把握先机，探索建设市域社会治理现代化先行示范区，有助于广州落实中央精神，以推动"四个出新出彩"、实现老城市新活力落实《决定》提出的构建基层社会治理新格局号召，坚持和完善中国特色社会主义制度，推动国家治理体系和治理能力现代化，向世界讲述中国在公共突发事件中维护国家稳定的制度优越性。

（一）广州市域社会治理现代化的目标

地方治理是指在一定的贴近公民生活的多层次复合的地理

空间，依托政府组织、社会组织等各种组织化的网络体系，应对地方公共问题，共同完成和实现公共服务与社会事务的改革和发展过程。① 市域社会治理现代化是在城市范围开展的地方治理创新活动，是国家治理现代化的目标及要求在市域范围的体现。为了实现地方治理目的，城市政府应当形成具有弹性的地方制度与组织结构安排，依托市域范围内应对公共问题的公民政策和公共参与网络，改革创新并自主选择可持续发展道路。市域治理现代化需要通过前瞻性战略布局，运用智能化手段进行治理体系、主体、方式、模式以及过程的全面改造和提升，实现治理体系现代化、治理主体多元化、治理方式多样化、治理模式制度化和治理过程法治化。重点工作在于，坚持问题导向，完善党委领导、政府负责、民主协商、社会协同、公众参与、法治保障、科技支撑的社会治理体系；应对社会治理突出问题，在防风险、解难题、补短板中，培育多元化社会治理主体；完善基层民主创新实践，将不同类型的成功治理模式予以延伸，对较为成熟的治理模式开展制度化实践探索；建设法治政府和法治社会，促进政府依法行政、企业合法经营、市民守法行事。广州市域社会治理现代化是指通过发挥市级统筹协调资源优势，应对城乡发展中各类具体社会矛盾、风险、挑战进行的城市治理创新进程。市域社会治理现代化先行示范区是指在全国城市治理中发挥示范、引领和带动作用的先进城市范例。

从地方党委和政府宏观介入视角看，推进市域社会治理现代化，应当从治理体系、主体、方式、模式和过程等展开探索，实现在营造共建、共治、共享社会治理格局上走在全国前列的目标。广州应当围绕以下战略定位，率先打造市域社会治理现代化先行示范区。一是治理体系现代化的城市示范。进一步完善党委领导、政府负责、民主协商、社会协同、公众参与、法

---

① 孙柏英：《当代地方治理：面向 21 世纪的挑战》，中国人民大学出版社 2004 年版。

治保障、科技支撑的社会治理体系，形成社会治理"树状"体系的广州范本。二是治理主体多元化的城市标杆。进一步发挥群团组织、社会组织、行业协会商会的作用，实现政府治理和社会调节、居民自治良性互动，形成社会治理"网状"格局的城市标杆。三是治理方式多样化的城市典范。通过扩大公众参与实现社会治理根本模式深刻变革，进一步形成包括道德教育、行为规范自律、社会矛盾调解等多种手段综合利用的"协商"式治理方式引领者。四是治理模式制度化的城市表率。构建程序合理、环节完整的社会治理创新模式体系，优化公共政策决策和实施模式，将有事好商量、众人的事情由众人商量的成功实践形成制度化成果。五是治理过程法治化的城市样板。建立覆盖城市建设发展和管理全过程的法律法规制度，坚持运用法治思维和法治方式化解社会矛盾的治理思路，使科学立法、严格执法、公正司法、全民守法贯穿社会治理全过程。

按照中央会议精神，市域社会治理现代化试点以3年为一期，2020—2022年为第一期，2023—2025年为第二期。各地市对标《全国市域社会治理现代化试点工作指引》（以下简称《工作指引》）进行自我评估，选择申报第一期或第二期试点；未列入试点的地市，也要对标《工作指引》参与"同步起跑"。据此，广州探索建设市域社会治理现代化先行示范区的目标如下。

——申报市域社会治理现代化第一期试点城市，紧密围绕"四个出新出彩"行动方案，提前一年完成《工作指引》的要求。

——将市域社会治理现代化工作成果、成功经验形成工作模式和治理制度，为第二期申报的试点城市以及国内其他城市提供市域社会治理现代化工作指引。

（二）广州市域社会治理现代化探索的意义

关于坚持和完善中国特色社会主义制度、推进国家治理体系和治理能力现代化的目标,十九届四中全会《决定》提出,到我们党成立一百年时,在各方面制度更加成熟、更加定型上取得明显成效。从宏观看,广州建设市域社会治理现代化先行示范区,有助于在地方治理层面助推上述目标顺利实现。具体地看,广州的相关探索具有以下三个积极意义。

1. 有利于落实党的十九届四中全会精神,推进国家社会稳定风险治理体系和治理能力现代化

《决定》指出,中国特色社会主义制度是党和人民在长期实践探索中形成的科学制度体系,我国国家治理一切工作都依照中国特色社会主义制度展开,我国国家治理体系和治理能力是中国特色社会主义制度及其执行能力的体现。建设市域社会治理现代化先行示范区,有助于广州在城市治理中形成制度机制,进而在全国范围推广,以地方社会稳定风险治理制度创新探索促进国家治理制度建构,推动中国特色社会主义制度的坚持和完善,提升国家治理体系和治理能力现代化水平。

2. 有利于推进"四个出新出彩",实现老城市新活力,助推广东走在全国前列

推动"四个出新出彩",实现老城市新活力,是习近平总书记对广州也是对广东的重要要求。广州市推动"四个出新出彩"行动方案涉及相当广泛的社会治理内容。建设成为市域社会治理现代化先行示范区,有利于通过提升城市社会稳定风险治理水平推动广州在综合城市功能和现代化国际化营商环境方面出新出彩;同时,也意味着在广东省内形成广州市域社会治理现代化先行示范区与深圳社会主义先行示范区两个国内引领城市,促进广州站在更高起点推动广东走在全国前列。

3. 有利于回应超大城市社会稳定风险治理需求,输出市域社会治理现代化的广州方案

随着我国社会转型,城市规模日益扩大,超大城市的社会稳定风险治理面临共性困难。当前,广州人口规模大,经济结

构复杂，社会治理成本高、难度大。在建设市域社会治理现代化先行示范区中，广州将通过先行先试，主动破解社会结构变化引发的矛盾外溢难题，应对外来人口增多导致的治安问题多变挑战，补齐人员结构复杂下优质公共服务供给不足短板，率先提升市域社会稳定、公共安全和公共服务的供给水平；尤其是在公共突发事件的应对机制以及舆情处理等方面，通过探索总结，为同类城市应对相似问题输出解决方案，讲好社会治理领域的广州故事。

（三）广州市域社会治理现代化的探索实践

近年来，习近平总书记对广东的工作要求、广州的城市定位、社会治理成果和经济发展质量为探索建设市域社会治理现代化先行示范区创造了有利条件。广州积极探索，以扩大公众参与为核心作出各种类型的模式创新，地方治理主体多元化格局已经形态初显，以协商为核心的多样化治理已见成效，社会治理模式制度化探索已具备基础，社会治理过程法治化实践全国领先。广州积极应对社会稳定风险，探索建设市域社会治理现代化先行示范区具备一定的有利条件。

而且，习近平总书记多次对广东提出"走在前列"要求，为广州探索建设市域社会治理现代化先行示范区指明方向。2014年，习近平总书记提出广东要继续发扬敢为人先的精神，勇于先行先试，大胆实践探索，在全面深化改革中"走在前列"。2017年，对广东工作作出"四个坚持、三个支撑、两个走在前列"重要批示，要求广东努力在加快建设社会主义现代化新征程上走在前列。2018年，对广东提出"四个走在前列"要求，包括在营造共建共治共享社会治理格局上走在全国前列。从"全面深化改革"到"社会主义现代化新征程"再到"营造共建共治共享社会治理格局"，习近平总书记对广东的"走在前列"要求已明确落实到社会治理领域，为广州开展市域社会治理现代化先行先试工作指明方向。

1. 社会治理主体多元化格局已形态初显

广州探索市域社会治理现代化先行示范区建设需要调动各个领域力量,既包括各级党政机关,也包括各类社会组织。广州的社会组织以年平均9.7%的速度增长[1],成为重要社会治理资源储备;律师事务所数量全国领先,执业律师数量位列全国第三[2]。当前,广州社会治理主体多元化格局已经形态初显,在基层治理以及纠纷解决中,行政机关以外的多元治理主体发挥了积极作用。在基层治理中,通过在街道设立流动党支部、探索"五化五同步"等党建工作新模式,形成由党建引领、政府组织、社会力量积极参与的社会治理格局。在纠纷解决领域,积极探索"党委领导+法院引导+街道配合"纠纷解决途径;仲裁行业迅速发展,受理案件数量和标的多年全国领先。2018年,市各类调解组织调解纠纷64332件,涉及金额约17.66亿元。[3]

2. 以协商为核心的多样化治理已见成效

广州积极探索社会治理模式转型,开展以扩大公众参与为核心的多样化治理模式,促进社会矛盾和社会问题通过人民群众内部协商解决。在城市更新改造中,打造"公咨委"平台,鼓励市民群众参与街区治理,建设"广州智慧人大"监督、"有事好商量"民生实事协商平台。在基层自治领域,在村镇打造社区共治议事会、"五议四公开"等民主议事样板工程,激发群众参与社区管理。充分运用新技术和大数据,全面启动"四标四实"成果应用,应用"数字广州基础应用平台",加快推进专

---

[1] 《广州社会组织超过7500家》,《南方日报》2018年1月12日,A16南方公益版。
[2] 《广东律师风采/广州执业律师突破1.5万人,10家律所年收入过亿》,(http://sft.gd.gov.cn/sfw/news/workSt/content/post_2701280.html)。
[3] 《法律咨询现场提供"智慧调解"全市覆盖》,《南方日报》2019年5月28日。

职"标准基础网格员"队伍建设，完善全市网格化服务体系；上线"网上驿站"社区综合服务平台，以社区居民为服务对象，整合政府、街道、企业等各类服务机构资源。

3. 社会治理模式制度化探索已具备基础

广州开展了关于民生决策公共参与、公众咨询以及工资集体协商等治理模式的制度化探索，促进社会治理创新模式向着程序合理、环节完整方向迈进。关于民生决策的公众参与，发布《重大民生决策公众征询工作规定》《广州市重大行政决策程序规定》，对重大行政决策程序中的公众参与作出规定。关于公咨委制度，先后发布《重大民生决策公众意见征询委员会制度（试行）》《重大民生决策公众咨询监督委员会工作规定》《重大民生决策公众意见咨询委员会工作规定》等文件，不断回应公众参与机构面临的现实问题。关于工资集体协商，陆续改革劳动关系三方协商机制，施行《广州市劳动关系三方协商规定》《广州市劳动关系三方协商会议议事规则》，规范劳动关系集体协商。

4. 社会治理过程法治化实践全国领先

广州不断探索建立覆盖城市建设发展和管理全过程的法治制度，在立法、执法等领域的社会治理过程法治化实践全国领先。通过地方立法应对社会治理问题，在20世纪90年代就开始制定关于生态环境的地方性法规，《广州市珠江广州河段水域饮食业污染管理规定》的制定与实施在1995年得到国家领导人好评。近年来，广州行政执法日益完善，执法规范性逐步增强。2016年印发的《广州市行政执法数据公开办法》，要求市行政机关和具有管理公共事务职能的组织于每年3月底前公开上一年的行政执法数据。2017年，广州在全国首次公开执法"账本"，2018年公开上年度行政执法数据，制定《推行行政执法公示制度执法全过程记录制度重大执法决定法制审核制度试点工作方案》，通过行政执法公开规范行政执法程序，促进监督和保障行政执法合法合规，确保行政执法活动被人民群众接受。

5. 经济运行总体平稳、稳中有进，为探索建设市域社会治理现代化先行示范区奠定物质基础

2019年三季度，广州全市实现地区生产总值17868.99亿元，增长6.9%，比上年同期提升0.6个百分点，全市经济运行总体平稳。其中，第一产业增加值169.58亿元，增长3.6%；第二产业增加值4934.84亿元，增长4.9%；第三产业增加值12764.57亿元，增长7.9%。通过积极培育壮大新动能，促进经济发展质量不断提升。2018年，广州市营商环境综合评分在全国主要城市排名第一。在经济发展高水平、高质量支撑下，广州有能力探索统筹城乡社会治理的新途径，推进提升公共服务水平项目；完善社会治安立体化信息化防控体系，提升市域公共安全风险防范化解水平；破解社会矛盾外溢难题，提升社会稳定风险防范化解水平，促进城市稳定和谐。

（四）广州市域社会治理现代化的努力方向

当前，各项社会治理实践成果尚待形成系统性的市域地方治理创新体系和可推广复制的制度模式，使广州成为市域社会治理现代化先行示范区。广州面临的迫切问题是对社会治理创新进行全面布局，形成探索市域社会治理现代化现行示范区工作全市"一盘棋"，将已有的工作成果纳入市域社会治理现代化工作范围予以提炼和总结，形成广州社会治理现代化的亮点和特色。

1. 探索建设市域社会治理现代化先行示范区工作全市"一盘棋"，对社会治理创新实践工作进行前瞻性工作布局

一是将建设市域社会治理现代化先行示范区定位为提升治理体系和治理能力的探索与创新，纳入广州"十四五"规划的重要工作，作为广州"四个出新出彩"、实现老城市新活力的新实践。二是深刻认识和领会在地方治理中国家、省和市的不同

权限，针对广州根据"设区的市"立法权限受限的内容，积极反映情况并争取上级支持，加快固有职权的探索和创新。三是由主管部门牵头制订广州率先探索建设市域社会治理现代化先行示范区的工作方案，作为推进工作的纲领性文件，对市域社会治理体系、主体、方式、模式和过程进行指引和规范。

2. 完善党委领导、政府负责、民主协商、社会协同、公众参与、法治保障、科技支撑的社会治理体系，构建平台，打造立体化市域社会治理体系

一是成立推进工作领导小组。横向统筹党委政府、科研机构、社会组织等产学研用力量，整体谋划推进，加速做实做细各领域的工作清单。二是层层传导压实责任。纵向理顺建立市、区、街道、社区权责关系，完善权责明晰、上下贯通、层层推进的四级纵向治理架构，将四级党组织纳入系统，形成市级统筹协调、区级组织实施、镇（街）与社区强基固本的市域社会治理链条，确保责任落实到位。三是建立工作推进联席会议制度。根据中央政法委研究制订的《全国市域社会治理现代化试点工作实施方案》《全国市域社会治理现代化试点工作指引》以及所附负面清单每季度召开联席会议，通报综合性工作进展，探讨不同领域特色工作推进情况，检讨存在不足项目，认真查摆问题，制定整改措施。

3. 改革创新，培育多元化市域社会治理主体

在市域社会治理现代化第一期试点城市的工作开展中，在应对社会治理突出问题"防风险、解难题、补短板"中，培育多元化社会治理主体。一是激活社会治理主体的存量资源。支持各级党组织、经济组织和社会组织参与社会治理，对参与社会治理表现突出的组织给予物质或者精神奖励；在应对城市公共问题中，鼓励人人参与并树立坚守阵地意识，形成全社会积极参与社会治理的风气。二是培育社会治理主体的新生力量。针对城市更新、环境保护和基本民生等问题，由主管部门联系

相关行业协会、社会组织献计献策，吸纳民间力量成为社会治理主体，积极宣传模范带头人物事迹并树立典型。三是充分发挥专业组织的社会治理力量。支持专业性社会组织参与纠纷化解，进一步发展广州仲裁行业，引入国际上具有影响力的仲裁、调解机构落户广州，开展社会治理，提升广州国际形象。

4. 积极实践，探索多样化市域社会治理模式

完善基层民主创新实践，将不同类型的成功治理模式予以延伸，对较为成熟的治理模式开展制度化实践探索。一是鼓励基层群众广泛参与社会治理创新实践，支持人大、政协、民政、社工等部门深入开展基层治理创新实践调研，为基层治理创新实践提供人、财、物支持，对其发展提供专业帮扶。二是在人大、政协、政府职能部门设置基层民主创新模式对接渠道，通过设立专门机构和工作组织回应社会领域的问题与需求，确保基层治理创新实践中形成的群众信息可以有效输入相关部门。三是依托社科院、高校以及国内外研究机构，形成一系列关于协商民主、公众参与、共建共治共享社会治理格局的研究成果，促进社会治理领域基层民主创新的制度化转化，在全市、全省以及全国推广。

5. 把握趋势，应用智能化市域社会治理技术

感知前沿，应用5G背景下智能化市域社会治理技术。一是依托《广东省加快5G产业发展行动计划（2019—2022年）》的示范重点领域"5G+智慧教育""5G+智慧医疗""5G+智能交通""5G+智慧政务""5G+智慧城市"，形成"5G+市域社会治理"综合领域，将维稳、治安和公共服务等工作纳入5G端口。二是探索"5G+市域社会治理"科技应用的广州标准。抓住新技术对社会生产组织体系和城市治理的深刻变革机遇，在广州社会治理相对薄弱环节换道超车，在网络安全、信息安全、数据保护中抢占标准高地，为全国"5G+市域社会治理"创立可复制操作程序、技术标准，形成市域社会治理中核心原创的

广州技术。三是通过大数据分析社会治理工作的目标制定、过程跟踪、结果考核，开发上述三大智慧管理系统，运用智能手段为社会治理工作提供规范指引，保障相关工作顺利推进。

6. 补齐短板，强化公共突发事件的应急机制

强化公共突发事件应急机制，补齐公共突发事件治理能力短板。一是在社会治理体系建设中设置并提升公共突发事件应急机制的地位，确保多元主体可以依据智能化技术通过多种形式参与应对公共突发事件，使社会治理能力的提升重点覆盖应对公共突发事件。二是制订公共突发性事件应急工作预案，针对突发性社会治安事件、公共卫生事件或者自然灾害等制订动态的综合性、分领域和具体化工作预案，确保公共突发事件中公共卫生、基层治理、社会救助、交通运输、物资保障等部门的工作有的放矢。三是全面排查应急工作隐患，做实做细各项具体工作，对公共卫生环境进行彻底排查整治，补齐公共卫生短板；系统梳理城市储备体系短板，提升储备效能，优化关键物资生产能力布局。

7. 依法治理，形成法治化市域社会治理氛围

建设法治政府和法治社会，促进政府依法行政、企业合法经营、市民守法行事。一是由司法局研究制定关于社会稳定、社会治安和公共服务中重点事项的政府规章，规范市域社会治理主要工作，使市域社会治理工作做到有法可依。二是进一步强调行政执法公开，规范行政行为程序，确保行政机关在市域社会治理中的积极作为不越权，不侵犯公民合法权益；对于行政机关侵犯公民和社会组织合法权益的情形，及时进行国家赔偿或者国家补偿。三是加强法治宣传，引导社会主体将矛盾导入纠纷解决程序；打通社会领域纠纷化解方式与司法执行之间的壁垒，探索律师调解结果的司法执行；深化现代市场监管体系和社会信用体系建设，培育形成市场及社会主体的自律意识。

三 加强开展舆论引导工作

控制社会风险，维护社会稳定，在具体落实应急管控措施和从长远推行治理模式创新的基础上，还需要加大力度，加强舆论引导工作。无论是在应急防控还是日常社会治理中，宣传教育和舆论引导始终是维护社会稳定的重要阵地。当前，广州应当大力落实中央精神，构筑政治话语、学术话语和群众话语统筹协调联动赋能的维护社会稳定舆论话语体系，通过不同舆论场的重叠和补位，为维护社会稳定提供有力支持。

自媒体时代，舆论具有内容复杂化、形式碎片化、传播即时性和价值取向不稳定的特点。以新冠肺炎疫情为例，广州各类媒体从2019年年底开始传播，至2020年1月中旬相关信息数量激增，并逐步向关注公共部门表现、分析疫情原因、传达党中央精神、部署广州疫情防控工作、评价学术道德、赞扬医护队伍、抢购防疫物品、肯定社会救援力量和呼吁加大救助力度等多维视角发散，形成杂糅政治话语、专家话语和群众话语并隐含不同价值取向的舆论话语。当前，在其他社会稳定事件中，公众舆论走向时常呈现出在某一个关键点数量迅速增加并逐步分裂的趋势走向。由于社会稳定风险防控意义重大，一旦处理不慎，不仅影响城市形象，而且可能危害国家声誉。因此，广州应当大力落实中央精神，构筑协调、有序的维护社会稳定舆论话语体系。为优化城市治理体系和提升治理能力提供有力支持。通过建设舆论治理体系，在维护社会稳定，并提升地方治理能力、推进地域治理现代化的同时，向世界展示中国在维护国家稳定方面的制度优越性。

维护社会稳定舆论话语体系是指能够容纳政府、专家和社会公众的语言世界，打通不同舆论场间主体、内容和价值取向壁垒的话语担当。协调有序的舆论话语体系，能够引导人们形成自信积极、开放透明的公共治理空间。当前，维护社会稳定舆论话语体系主要由政治话语、学术话语和群众话语构成。各类话语在本质上都是意识的载体，是观点和意见的表现形式，可以通过统筹协调联动赋能，分层次地传播党中央的决策部署、各部门维护社会稳定治理的措施、基层社会治理中的感人事迹、人民群众互相帮扶与守望相助的脉脉温情，共同实现强信心、暖人心、聚民心。

政治话语是指政治性表达与交流的话语，包括政府报告、政治会议、政治媒体宣传、政府各部门颁布的政策法规或文件使用的语言，如主流媒体上各类宣传机构进行的维护稳定和社会治理表达。政治话语的形成过程相对规范，在措辞表达、文字顺序等方面往往具有特定含义，体现特定意图。政治话语的特点是坚定有力，权威高效。当前，党和国家以及各级机关部门的权威信息发布、具体工作部署、政策传播和纪律宣传多以政治话语呈现。政治话语的实际受众是体制内的组织和个人，传导过程主要体现为"命令—服从"形式；社会公众对政治话语具有认知，但是融入空间相对有限。值得注意的是，政治话语对国家的国际形象具有较大影响，以政治话语进行的维护社会稳定和社会治理表达要与国家的国际地位和主流价值观相匹配。

学术话语是指在学术研究、传播和交流等活动中使用的话语，当前主要表现为关于维护社会稳定和社会治理的专业概念、分析和论证，主要载体是各类专业期刊和媒体，如政治学、法学专业学术论文。各地关于维护社会稳定和地方治理的系统反思多以学术话语呈现。学术话语经常对现象或数据基于特定范式进行分析归纳形成观点或结论，特点是平和严谨、科学理性。学术话语的实际受众是专业人群，政府部门需要将其转化为具体对策建议之后才考量是否予以采纳，社会公众对其领悟能力相对不足。值得注意的是，与学术话语较为接近的专家话语社会公信力较强，如钟南山院士对疫情存在人际传播的解释、李兰娟院士对抗病毒研究成果的发布。

群众话语是民间自发形成的，是非官方和非专业的人民群众日常沟通语言，主要表现为关于突发事件、社会治理的民间信息交流、不安情绪表达等，传播载体主要是新兴媒体，如微信、微博、QQ、短信、电子邮件等。群众话语的形成过程相对随意，特点是朴素真实、生动活泼，内容主要针对事件和现象本身，不拘泥于表现形式。值得注意的是，个体群众话语易受群体群众话语的影响。《乌合之众：大众心理研究》指出：当个人是一个孤立的个体时，他有着自己鲜明的个性化特征。当这个人融入群体后，他的所有个性都会被这个群体湮没，思想立刻会被群体的思想取代。上述观点过于武断和绝对，但是对于分析个体群众话语的个性化和真实性具有参考意义。

维护社会稳定属于社会治理中的重要问题。在新冠肺炎疫情等突发公共卫生事件中，我们应当看到，各级政府应当迎难而上、主动出击，紧密围绕党中央决策部署和广州实际情况，提升语言转化能力，在不同舆论场统筹运用政治话语、学术话语和群众话语，立体性、层次性和分众式地传递维护社会稳定的信心，及时性、针对性和权威性地回应人民群众的关切。

第一，坚持赋能和凝聚共识的核心价值取向。继续深入宣传习近平总书记重要指示精神，宣传党中央国务院的决策部署和各地区各部门贯彻落实的有力行动，不断增强全国人民对国家的情感，对于社会制度优越性的认识。同时，运用三种话语，在不同舆论场快速发声、精准定性，旗帜鲜明地表达不同国家有不同历史路径，选择不同政治发展道路。在社会发展中，不同制度模式都将遇到困难和问题。当前，中国社会的基本矛盾是人民群众对美好生活的向往和不均衡不充分的发展之间的矛盾，为了缓解这对矛盾，需要人人参与、守土尽责，中国的治理能力和制度优势将在国家建设中得到锤炼和提升。同时，以真诚的表达、开放的姿态，引导发散的公众话语回归到国家治理体系和治理能力现代化建设上来。

第二，设置统筹和立体传导的系统工作机制。打造横向统筹、纵向传导、广泛参与的舆论引导工作体系，形成政府、专家和社会共同参与的多元联动机制。成立统筹党宣部门、主要科研机构和媒体力量的舆论引导工作领导小组，做实做细各项工作清单。完善信息的收集、掌握和发布机制，实时收集汇总相关舆论，明确各项工作的分管领导和专业人员，落实宣传工具器材。设立公众参与维护社会稳定和地方治理的舆论平台，吸纳、引导社会公众参与维护社会稳定和地方治理，使社会公众出钱出力或者建言献策的积极行为得到传播。

第三，制订分层和突出重点的全面应对预案。根据各类社会稳定风险的发展情况，制订综合性、分领域和具体化的动态工作预案。根据党中央精神制订综合层面的舆论工作预案，做到内容全面。根据社会稳定风险的舆论类别制订分领域工作预案，确保公共卫生、社会救助、交通运输、物资保障等职能部门的舆论引导工作有的放矢。研判已经发生的热点、负面舆论等重点问题，并制订具体化工作预案，分析舆论源头，判断舆论走向，及时解疑释惑，引导合理预期。

第四，发布覆盖全舆论场的分众式权威话语。增加权威信息发布力度，在全舆论场以三种话语持续释放全面展现中国人民团结一心、同舟共济的精神风貌，凝聚众志成城、维护社会稳定强大力量的信息。此外，注重分众式发布权威话语：在政治舆论场，重点以政治话语对体制内组织和工作人员发布党中央决策，部署工作命令；在学术舆论场，侧重依据科研机构引导专业群体发布传播维护社会稳定的社会治理知识并进行专业解释，鼓励专家参与社会治理，如邀请专家发布体现专业色彩的社会治理对策建议；在群众舆论场，广泛发动具有公信力的媒体和"意见领袖"以群众话语传播应对社会稳定风险的成功案例，针对人民群众需求发布温暖人心的信息。同时，注重主体和话语的关联创新，探索以学术话语解读官方决策、以群众话语传播专业知识、以政治话语肯定群众参与等语言模式，通过不同话语互相补位，形成不生硬、没有距离感和违和感的社会稳定风险防控舆论话语体系。

参考文献

著作类

柴俊勇编：《城市大人流风险管理》，上海人民出版社 2015 年版。

姜晓萍主编：《社会风险治理》，中国人民大学出版社 2017 年版。

金观涛、刘青峰：《开放中的变迁：再论中国社会超稳定结构》，法律出版社 2010 年版。

李培林、陈光金、张翼：《社会蓝皮书：2019 年中国社会形势分析与预测》，社会科学文献出版社 2018 年版。

李培林、陈光金、张翼等：《当代中国调查报告：当代中国和谐稳定》，社会科学文献出版社 2013 年版。

吕拉昌：《首都城市公共安全风险及其治理》，经济管理出版社 2018 年版。

孙建平：《城市安全风险防控概论》，同济大学出版社 2018 年版。

孙午生：《社会稳定预警管理制度研究：以北京市为研究视角》，中国法制出版社 2017 年版。

魏华林、宋明哲、刘伟：《城市风险管理》，中国金融出版社 2018 年版。

吴鹏森:《快速增长与变革中的社会稳定》,上海人民出版社2014年版。

谢非:《风险管理原理与方法》,重庆大学出版社2013年版。

徐向华等:《特大城市环境风险防范与应急管理法律研究》,法律出版社2011年版。

严励:《城市公共安全的非传统影响因素研究》,法律出版社2015年版。

张小明、董幼鸿、逯惠艳编:《突发事件风险管理/全国党校行政学院系统应急管理系列教材》,中国人民大学出版社2018年版。

赵鼎新:《社会与政治运动讲义》(第二版),社会科学文献出版社2012年版。

周旭霞、沈芬、洪洁等:《杭州社会稳定风险评估案例》,浙江工商大学出版社2018年版。

[德]尤尔根·哈贝马斯:《包容他者》,曹卫东译,上海人民出版社2002年版。

[法]古斯塔夫·庞勒:《乌合之众:大众心理研究》,冯克利译,中央编译出版社2005年版。

[美]戴维·莫斯:《别无他法——作为终极风险管理者的政府》,何平译,人民出版社2014年版。

[美]戴维·伊斯顿:《政治结构分析》,王浦劬等译,北京大学出版社2016年版。

[美]丹尼尔·卡尼曼等编:《不确定状况下的判断:启发式和偏差》(诺贝尔经济学奖获得者丛书),中国人民大学出版社2013年版。

[美]罗伯特·恩格尔:《预见相关性:风险管理新范例》,王成璋等译,机械工业出版社2015年版。

[美]塞缪尔·亨廷顿:《变化社会中的政治秩序》,王冠华等译,上海世纪出版集团2008年版。

［美］沃尔特·小哈斯莱特：《风险管理》，郑磊、王盛译，机械工业出版社 2017 年版。

［美］伊森·里布：《美国民主的未来：一个设立公众部门的方案》，朱昔群等译，中央编译出版社 2009 年版。

［英］阿瑟·塞西尔·庇古：《就业与均衡》，王远林译，商务印书馆 2017 年版。

［英］安东尼·吉登斯：《现代性的后果》，田禾译，译林出版社 2000 年版。

［英］安东尼·吉登斯：《超越左与右》，李惠斌等译，社会科学文献出版社 2009 年版。

［英］尼克·皮金等编：《风险的社会放大》，李惠斌等译，中国劳动社会保障出版社 2010 年版。

文章类

何包钢：《协商民主和协商治理：构建一个理性且成熟的公民社会》，《开放时代》2012 年第 4 期。

蒋田鹏：《人民政协的制度创新尝试》，《理论月刊》2014 年第 2 期。

蒋田鹏：《协商民主在中国：理论传播与发展前景》，博士学位论文，武汉大学，2014 年。

刘晔：《公共参与、社区自治与协商民主——对一个城市社区公共交往行为的分析》，《复旦学报》2003 年第 5 期。

清华大学公共管理学院社会管理创新课题组：《乌坎事件始末》，《中国非营利评论》2014 年第 2 期。

申建林、蒋田鹏：《中国民主政治发展的"协商"与"选举"之辩——兼评"协商民主优先论"》，《武汉大学学报》（哲学社会科学版）2014 年第 1 期。

文宏、陈路雪、张书：《改革开放 40 年社会稳定风险的演化逻辑与知识图谱分析——基于 CiteSpace 软件的可视化研究》，《华南理工大学学报》（社会科学版）2018 年第 3 期。

杨津、胡刚：《公众参与城市治理》，载潘家华等《广州同德围解困之路》，社会科学文献出版社 2015 年版。

俞可平：《当代西方政治理论的热点问题（下）》，《学习时报》2002 年第 12 期。

赵竹茵、柳新元：《迈向协商民主的地方立法研究》，《学术论坛》2017 年第 3 期。

赵竹茵：《国家治理体系现代化的路径研究——以地方立法为切入点》，《兰州学刊》2016 年第 12 期。

赵竹茵：《协商民主在基层治理中的一个案例：同德围公咨委的设立及运行》，《江汉论坛》2015 年第 11 期。

赵竹茵：《政治过程的协商式输入——以同德围公共治理为例》，《岭南学刊》2017 年第 1 期。

Fishkin J. S., *When the People Speak*: *Deliberative Democracy and Public Consulation*, Oxford: Oxford University Press, 2009.

Smith G., *Democratic Innovations*: *Designing Institutions for Citizen Participation*, Cambridge: Cambridge University Press, 2009.

Un-habitat, "72 Frequently Asked Questions about Participatory Budegt", *Urban Governance Toolkit Series*, 2004.